LEARN SOMALI IN CONTEXT

Example Sentences from Internet Media

H. Jerome Goforth

PREFACE

The growth of the internet has brought the ability to write and publish a newspaper to anyone, and the international Somali community is no exception. There are at least three dozen active Somali-language newspapers on the internet, serving communities in East Africa, Europe, North America and beyond. Unfortunately, what has not kept pace with the growth of Somali media on the internet is the body of instructional material for English speakers wishing to learn Somali.

Many books, while timeless in quality, contain dated references to old politicians and to a world sharply divided into a communist East and capitalist West. Others have a carefully curated academic focus. These books serve well in high-level linguistic study of Somali, but are less helpful in the democratized free-for-all that is Somali on the internet, where typos and errors that native speakers of Somali easily process but that confound Somali learners can be common.

This book is a product of my desire to add to the resources available to beginner and intermediate Somali learners. I am hopeful I have been successful in bringing my experience as a translator and a teacher of languages to bear in this project. I am no expert, but I understand the challenges faced by Somali learners, especially native English-speakers.

Therefore, I have compiled a sample of articles from many Somali-language newspapers on the internet and analyzed the most frequent words and patterns in order to identify the features I expect will be most useful for learners of Somali to focus on. Please enjoy this book as part of your Somali studies, and if you have any questions or find any mistakes, send me a message on Twitter at @hjeromePNT.

Thank you for reading, and please stay tuned for further entries in this series coming soon.

H. Jerome Goforth
September 2020
Washington, D.C.

ABOUT THIS BOOK

The Somali language example sentences you see in this book are authentic, pulled directly from one of approximately three dozen internet newspapers. They will contain spelling mistakes and other typing errors, as the level of resources devoted to proofreading across various Somali newspapers is not uniform. I have called out errors that I expect to be particularly frustrating in the footnotes of this book, but you, the reader, will be required to make an honest effort at processing the original Somali language material, regardless of errors.

Part I of this book comprises example sentences focusing on prepositions, prepositional phrases, particles and pronouns in order to help cement some of the more abstract features of Somali grammar in the minds of the learners. Somali phrases that are the focus of the sentence will be bolded, as will their English language counterparts. The example phrases that have been chosen occasionally have a meaning beyond the sum of their component words. Example phrases are chosen first for how frequently they occur in the sample of articles that forms the basis for this text and second for how intuitive they may or may not be for learners.

Part II of this book covers pronoun and preposition clusters, a common point of difficulty for Somali learners. While challenging enough on their own, pronouns and prepositions often change form when bundled into clusters and behave by rules that aren't always apparent. This part seeks to demystify how these clusters form and spell out some of these rules.

Part III, the final part of this book, contains the answer

key for all 121 exercises in this book and a brief glossary organized by topic. Please understand that your answer for any given question may still be correct even if it doesn't perfectly match the answer in this section, and the translations given are simply one option for conveying the meaning of the source text. Finally, please remember that the exercises in this book are most effective when you do your best to understand the given sentences before consulting the answer key.

English translations of the original Somali material will not always be perfectly idiomatic; this is in order to provide a more direct association between the original Somali phrase and how an English speaker might express the same thought. Somali personal names will be retained in the Somali spelling from the source text.

ACKNOWLEDGEMENTS

I would first like to thank my parents for encouraging my love of learning foreign languages and for giving me a suitable name -- Jerome, ultimately after Saint Jerome, the patron saint of translators. My mother especially sets a high example for me to live up to, with her proficiency in multiple dialects from her home country and work as an ESL teacher.

I am likewise grateful for everything I have learned from my colleagues, comrades and co-workers of every stripe over the years; Somalis and non-Somalis alike. Your leadership, counsel and encouragement have made this humble work possible.

Finally, nothing I have achieved in my adult life would have been possible without language teachers. I am supremely grateful for the patience, expertise and insight shared by everyone who has made it their mission to teach me how to understand and speak with people from across the world.

For my Somali teachers specifically, I will say *mahadsanidiin*! I would like to share an Arabic proverb I learned early on in my career as a translator, which speaks to my gratitude for their formidable efforts:

من علمني حرفاً صرت له عبداً

CONTENTS

PART I: PARTICLES AND PREPOSITIONS

KA

Ka is a preposition generally meaning "from" or "out of", but that is also used in comparisons (i.e. "more than") and sometimes to indicate direction or location (i.e. "it happened *in* Mogadishu.")

Ka mid - "among", "one of"

(ka + mid; "one")

"Sidoo kale, Madaxweynaha ayaa la kulmay **qaar ka mid ah** halyeeyadii hore ee ciyaaraha dalkeenna oo lagu martiqaaday kulankii dib loogu furayay Garoonka…"
*"Also, the President met with **some of** our country's former sports legends, who were invited to the re-opening of the stadium."*

"Bukaannada cusub 30 **ka mid ah** waa rag, 6-da kalena waa haween."
*"30 **of** the new patients are men and 6 others are women."*

"Dadka degaanka oo dareenkooda ka hadalay ayaa soo dhaweeyay hannaanka dhismuhu u socdo waxayna sheegeen laga helayo faa'iidooyin kala duwan oo ay **ka mid yihiin** dhaqaale amni, iyo horumar guud oo ay **ka mid tahay** in sare u kaca bilicda deegaanka."
*"The residents who spoke about their feelings welcomed the way the construction process was going, saying that it poses various benefits, **among them** economic security and overall development, **including** an improvement in the local environment."*

<u>Exercise 1 - Fill in the blank in the following translation:</u>

"Qaraxan ayaa la sheegay inuu ka dhacay guri uu degenaa **mid ka mid ah saraakiisha ciidamada Milatariga** balse xilligaa uu ka maqnaa."
"It was said that this explosion happened at a home where

__________________ *lived, but he was away at the time.*"

Ka tirsan - "part of"

(ka + tirsan; "to be counted")

"Hay'adda Nabad Sugidda iyo Sirdoonka Qaranka Soomaaliyeed ee NISA ayaa caawa shaacisay iney qabatay fanaan **ka tirsanaa** kooxda maamulka gobolka Banaadir oo la shaqeynayey ama ka mid ahaa Al-shabaab."
*"The Somali National Intelligence and Security Agency (NISA) announced tonight that they arrested a singer **who was part of** the Banaadir regional administration and who worked with or was a member of al-Shabaab."*

"**Ciidamo ka tirsan** booliska Soomaaliya ayaa waxaa la sheegay in ay maanta xaafiiskiisa ka wateen Agaasimaha guud ee wasaaradda caafimaadka..."
*"Today, it was said that **forces belonging to** the Somali police removed the Director General of the Ministry of Health from his office..."*

<u>Exercise 2 - Fill in the blank in the following translation:</u>

"Waxaa munasabadaas ka qeyb galay **xubno ka tirsan labada gole** ee baarlamanka Somalia...."
"__________________ *of the Somali parliament participated in the event...*"

Ka soo - "from", "out of"

(ka + soo, particle indicating movement towards speaker; can mean "in", "about" with some verbs)

"War-Saxaafadeed deg deg ah oo goordhow **ka soo baxay** Madasha Xisbiyada Qaran ayaa walaac looga muujiyay dagaallada sokeeye ee soo noqnoqday ee ka dhacaya deegaannada Soomaaliyeed."
*"An urgent press release **coming from** the Forum for National Parties expressed concern regarding the recurring civil conflicts in parts of*

Somalia."

"Dalal badan oo ay ku jirto Somalia ayaan weli ka hadlin iney beri ay bilaabaneyso bisha Ramadaan iyo in kale, inkastoo la filayo iney saacadaha soo socda **war ka soo saaraan**."
*"Many countries, including Somalia, have not yet said whether Ramadan will begin tomorrow or not, however it is expected that **they will issue a statement** in the coming hours."*

"Bankiga Caalamiga ah ee IBS ayaa Daahfurey Adeeg loogu magacdarey IBS MOBILE BANKING waxaa daafurkaas **ka soo qayb galey**[1] Masuuliyiinta Bankiga iyo Xubno ka socdey Rugta Gancsiga Soomaakiyeed iyo Marti Sharaf"
*"The international bank IBS launched its service named IBS MOBILE BANKING, and that launch **was attended by** bank officials, members of the Somali chamber of commerce and honored guests."*

"Sidoo kale Shirkaas ayaa waxaa **ka soo qeyb galaya** bulshada ku dhaqan Dowlad goboleedka Koonfur Galbeed Soomaaliya..."
"Also, communities that live in the South West regional state of Somalia will take part in the meeting..."

<u>Exercise 3 - Fill in the blank in the following translation:</u>

"Ma jiro hadal jawaab u ah eedeyntan oo **ka soo baxday DF**[2]..."
"There is no response ________________ concerning these allegations..."

Ka badan - "more than"

(ka + badan; "to be many/numerous")

"Lama oga weli sababta ay ciidamadaasi ugu duuleen xarunta warbaahinta, mana jiro illaa hadda war laamaha amaanka DF ka soo saareen dhacdadan oo sidoo kale aan laga helin **faahfaahin intaas ka badan**."
*"It is not yet known why the troops raided the media center, and there is no statement yet from the security branch of the Federal Government concerning this incident and likewise no **further details** have*

been received."

"Saraakiisha iyo madaxda maamulka ayaa hadda adeegsada diyaarado marka ay doonayaan in ay u safraan magaalada Muqdisho oo wax **aan ka badneyn**[3] 90km u jirta xarunta maamulkooda oo ah Jowhar."
*"Officers and administration officials now use planes when they want to travel to Mogadishu, which is **not more than** 90km away from their administrative headquarters in Jowhar."*

<u>Exercise 4 - Identify the size of the 2018 budget vs. the previous year in this sentence:</u>

"Miisaaniyadda 2018 ee dowladda Soomaaliya ayaa gaareysa lacag dhan $274,640,191, waxa ayna miisaaniyadan **ka badan** tahay tii hore 14-milyan oo dollar."

Ka yahay/tahay/ah - "is"

(ka + forms of "ah"; "to be" [usually in/of something when used with "ka"])

"Talaado waa maalinta afaraad ee usbuuca dhicana istandharka ISO 8601 **waxay ka tahay** maalinta labaad ee usbuuca."
*"Tuesday is the fourth day[4] of the week; by the ISO 8601 standard, **it is** the second day of the week."*

"Dunida maanta giitaarku wuxuu caan **ka yahay** dhamaan caalamka."
*"In today's world, guitars **are** popular all around the globe."*

"Cidda ku guuleysata doorashadan waxay baddali doontaa **ninka haatan madaxda ka ah** Ha'yaddan oo ka soo jeedo dalka Brazil kaas oo xilka ka degaya 31-da bisha Agosto."
*"The winner of this election will replace **the current head** of the organization who is from Brazil and will step down on August 31st."*

<u>Exercise 5 - Translate the first part of this sentence:</u>

"**Wefdiga Madaxweynaha waxaa qeyb ka ahaa** Madaxweyne

ku xigeenka Galmudug Cali Dahir Ciid, iyo xubno ka tirsan Golleyaasha xukuumadda.”

"___________________________________ *Vice President of Galmudug, Cali Dahir Ciid, and members of the cabinet.*"

Ka dib[5] - "after"

(ka + dib; "back, behind, after")

"Weerarkan ayaa sidoo kale daaha ka rogay in weli ay Shabaabku ku dhex milan yihiin Ciidamada Booliska, **ka dib** markii la arkay in maleeshiyadii weerarka soo qaaday ay ku labisneyd dareyska Ciidamada Booliska"

*"This attack also revealed that al-Shabaab continues to infiltrate the police forces, **after** it was seen that the militia who carried out the attack were wearing police uniforms."*

"Ciidamada Huwanta, ayaa 22-kii bishii July ee sanadkii 2015 la wareegay gacan ku haynta Degmada Baardheere, **ka dib** muddo toddobo sano ka badan oo Shabaabku ay ka arriminayeen."

*"The joint forces took control of Baardheere district on July 22nd, 2015 **after** more than seven years under al-Shabaab control."*

"**Maalin ka dib** markii uu xilka la wareegay, wuxuu ra'iisul wasaare u magacaabay Xasan Cali Khayre oo baarlamaanka ay ansixiyeen 1-dii bishii Maarso ee 2017-kii."

*"**A day after** he took office, he named Xasan Cali Khayre as prime minister, which was approved by parliament on March 1st, 2017."*

Ka dhacay - "happened in"

(ka + dhacay, from dhac; "to happen, to fall, to hit, to steal")

"Qaraxyada Miino oo **ka dhacay** deegaanka Ceelasha Biyaha ayaa waxaa dhimasho iyo dhaawac uu kasoo gaaray saraakiil iyo ciidamo katirsan kumaandooska Soomaaliya ee loo yaqaan Danab."

*"Landmine explosions **occurring in** the neighborhood of Ceelasha Biyaha have killed and wounded officers and soldiers from the Somali commando unit known as Danab."*

"Wararka ka imaanaya magaalada Boosaaso ee xarunta gobolka Bari, ayaa sheeegaya in halkaas uu maanta **ka dhacay** iska hor-imaad kooban oo dhexmaray Ciidamada Amniga Puntland iyo malayshiyaad ka tirsan Argagixisada Daacish."
*"Reports from Boosaaso, capital of Bari region, say that a brief confrontation between Puntland Security Forces and ISIS terrorist militias **happened there** today."*

Exercise 6 - Identify the event from last week mentioned in this sentence:

"Xisbiga Waddani ee uu murashaxa u ahaa Cabdiraxmaan Cirro ayaa doorashadii usbuuc ka hor **ka dhacday** Somaliland waxa uu helay 40.73% halka xisbiga UCID[6] uu helay 4.17%."

Ka hor - "before", "ahead/in front of", "ago"
(ka + hor; "formerly, towards, in the past", "to be preceded")

"Ninkaasi ayaa gaari jiirsiiyay albaabka weyn ee laga soo galo xaafada Rideau Hall oo ah halka uu magaalada Ottawa ka deggan yahay ra'iisalwasaare Trudeau, **ka hor** inta aysan[7] boolisku qaban."
*"That man rammed a car into the main gate at the entrance of Rideau Hall, the residence in Ottawa of Prime Minister Trudeau, **before** police arrested him."*

"Idaacadda Al-shabaab ee Andalus ayaa waxaa ay baahisay wareysi ay ka qaadday Ninkaas **ka hor inta** uusan isqarxin, waxaana uu Wareysigaas kaga sheekeeyay sida uu u arko falka uu ku dhaqaaqayo."
*"al-Shabaab's Andalus Radio broadcast an interview they held with the man **before** he exploded himself, where he spoke about how he saw what he was about to do."*

"Caasimadani waxay hooy u tahay shirkadaha ugu waaweyn ee caafimaadka, xarumaha shirkadaha waaweyn ee Fortune 500; waxaa magaaladani **ka horeeya** New York oo kali ah."

*"This capital is home to the largest companies for healthcare and headquarters for Fortune 500 companies; only New York **is ahead of** this city."*

"Ka hor intii aanu Madaxweynaha Somaliya gaarin Xeebta Liido, ayaa waxaa **ka horeeyay** oo amniga goobtaasi sugay Ciidamada Koofi Casta ee Villa Somalia."
*"**Before** the president reached Liido beach, he was **preceded** there by the red-beret forces of Villa Somalia who secured the area."*

"Agabkan ayaa ah mid loogu talagalay in loo adeegsado **ka hortaga** fatahaada wabiga Shabeelle magaalada Baladweyne ee xarunta Gobolka Hiiraan"
*"This material is intended to be used **to prevent** the flooding of the Shabelle river in the city of Baladweyne, headquarters of the Hiiraan region."*

<u>Exercise 7 - What happened to the cost of 1 GB of data in Benin? How long did this take?:</u>

"Dalka Benin oo sanado ka hor 1 GB la iibinayey $20.99, ayaa haatan qiimahaas uu si weyn uga sara maray, waxaana 1-GB ay hadda ku bixisaa $27.22 taasoo ah qiime caqliga ka baxsan oo aad u sareeya."

Ka hadlay - "talked about"

(ka + hadlay, from hadal; "to talk")

"Taliyaha Laanta Canshuuraadka Booliska Soomaaliya General C/llaahi Xasan Bariise ayaa waxa uu **ka hadlay** Jawaano Qaad ka buuxeen oo si sharci daro ah lagus oo[8] geliyey Muqdisho."
*"Commander of the Somali Police Tax Department, General Cabdullahi Xasan Bariise, **spoke about** sacks filled with khat which were brought into Mogadishu illegally."*

"Xisbiga ucid oo **ka hadlay** ansixinta xubnaha komishanka doorashooyinka somaliland."
*"The UCID party **discussed** the approval of the members of the So-*

maliland electoral commission."

"Afhayeenka milateriga Kenya, Paul Njuguna **oo ka hadlay** warbixinta uu qoray wargeyska ayaa beeniyay in ciidanka Kenya ay gabaad ka dhigteen cawska isla markaasna warkaas uu yahay mid xaqiiqda ka fog."

*"Kenyan military spokesman Paul Njuguna, **speaking about** a report written in the newspaper, denied that Kenyan forces hid in the grass, at the same time calling the report one far from the truth."*

Ka bogsado - "to recover (from)"

(ka + bogsado, from bogso; "to become healthy")

"Dhanka kale Dr. Fowsiya ayaa sheegtay inay fayraska **ka bogsoodeen** 8 qof oo cusub, taasi oo tirada guud ee dadka bogsooday ka dhigeysa ku dhawaad 837."

*"Meanwhile, Dr. Fowsiya said that 8 new people had **recovered from** the virus, bringing the overall total of recovered people to roughly 837."*

Ka hel - "to receive"

(ka + hel; "to find")

"Wabiga Niilka Buluugga ah ayaa ah isha ay Masar **ka hesho** 90% biyaheeda nadiif ah."

*"The Blue Nile river is the source from which Egypt **receives** 90% of its clean water."*

"Kooxaha Oxford iyo Imperial ayaa dhaqaale £40m **ka helaya** dowladda kaasi oo lagu talagalay mashruuxca sameynta talaalka Coronavirus."

*"Oxford and Imperial teams **will receive** £40m in funding from the government for the Coronavirus vaccine project."*

Ka dhan ah - "against"

(ka + dhan; "side" + ah; "is")

"Maxkamadda Gobalka Banaadir ayaa Maanta dhagaysatay

dacwad **ka dhan ah** Agaasimayaal ka tirsan Wasaaradaha Caafimaadka iyo tan Kaluumaysiga, Xukuumada Soomaaliya.”
*"The Banaadir Regional Court heard a case today **against** the directors of the Ministries of Health and Fisheries in the Somali government."*

"Koonfur galbeed ayaa wada abaabul dagaal oo **ka dhan ah** Shabaab iyo sidii loo furi lahaa wadooyinka ay go'doomiyeen Shabaab ee Gobolka Baay."
*"The South West is organizing a campaign **against** al-Shabaab and to reopen roads cut off by al-Shabaab in the Bay region."*

Shaaca ka qaaday - "announced"

(shaaca; "announcement" + ka + qaaday, from qaad; "to take, to move" [something])

"Wasaarada caafimaadka Soomaaliland ayaa **shaaca ka qaaday** inay heshay qalabka caafimaad oo lagu baarayo Cudurka Coronavirus."
*"The Somaliland Ministry of Health **announced** that it received medical equipment to test for Coronavirus."*

Ka soo jeeda - "come from"

(ka + soo; meaning towards the speaker + jeed; "to face" [towards a direction])

"Sidoo kale, wuxuu ahaa ninkii labaad ee khaliif noqda kaas oo **ka soo jeeda** qabiilka Umawiyiinta."
*"Also, he was the second man who became Caliph who **came from** the Umayyad tribe."*

Samir iyo iimaan ka siiyo - "Grant patience and faith"

(samir; "patience" + iyo; "and" + iimaan; "faith" + ka; "to" + siiyo, from sii; "to give")

"Marxuumka waxaan Alle uga baryayaa inuu naxariistiisa janno ka waraabiyo, **eheladiisana uu samir iyo iimaan ka siiyo**" ayuu

qoraalkiisa ku yiri Ra'iisul Wasaare"
*"'I pray to God in his mercy to reward the deceased with heaven and to **grant his family patience and faith**,' said the Prime Minister in his message."*

Exercise 8 - <u>Translate the below sentence. How many people have the job mentioned?</u>

"In ka badan hal milyan oo qof ayaa wadda baabuurta Uber, laakiin si toos ah shaqaale uma aha."

Exercise 9 - <u>"Ka" appears on its own three times in the below sentence. Compare the similarities and the differences in what it means each time:</u>

"Ciyaartoyda oo qurba joog ah, waxaa laga kala keenay waddamo kala duwan, waxayna ka tirsanyihiin kooxo kubadda heer sare ka gaaray, sida uu sheegay Siciid Cabdi Haybe oo qeyb ka qaatay isu keenidda laacibiintan."

Exercise 10 - <u>Is the "ka" in the below link text a) used to mean "from" b) used for more/less comparison c) a typo; it should be "darawalka" ?:</u>

"VIDEO: Wali ma aragtay darawal ka indha adag darawalkaan?"

OO

Oo is a connecting word that tends to work similarly to "which" or "while" in English sentences, as well as "and" in some contexts (much like the "waaw of condition", for those familiar with Arabic).

Oo aan - "which I/we" or "which did not"

(oo + aan; "we" or [negation particle])

"Wargeyska **oo aan sheegin** magacyada saraakiisha uu soo xigtay ayaa sheegay in markii ay Al Shabaab soo weerareen saldhigga ay ciidanka Mareykanka ee sida gaarka ah u tababaran muddo ku qaadatay in ay ka jawaabaan weerarka"
*"The newspaper, **which did not say** the names of the officers it quoted, said that when al-Shabaab attacked the American special forces base, it took them time to respond."*

"War kale **oo aan ka helnay** Xafiiska RW Kheyre ayaa sheegaya in MD[9] Farmaajo iyo RW Kheyre ay isku wanaagsan yihiin, hadii uu isbadal dhacaana uu noqon doono mid labada dhinacba ay raali ka yihiin oo aysan jiri doonin wax khilaaf ah si la mid ah sidii dowladihii hore."
*"Another report **we received** from the office of PM Kheyre indicates that President Farmaajo and PM Kheyre are on good terms, and if there is a change, it will be one that both sides agree on and that there will not be disagreement similar to previous governments."*

Exercise 11 - Look at each of the below sentences and determine which use "oo aan" for negation and which use it for "I" or "we". What clues do you have for each?:

"Ninkaani malaha xafiis dadwayne ama cinwaan loogu soo hagaago **oo aan** ka ahayn hoyga uu deggan yahay."
"Qodobbada kor ku qoran oo ah tusaale kaliya, **oo aan** aammin-

sannahay in aad madaxa ku haysaan ama kaba hawl gasheen...”
“Weerarkan **oo aan** la ogeyn cida ka dambneysay...”

Kaas (taas/kuwaas) oo - “who/that which”

(kaas; “that” [masculine; feminine is “taas”, plural “kuwaas”] + oo)

“Faransiiska ayaa dib u celiyay seef uu iska lahaa hogaamiye hore muslim ah qarnigii 19-aad **kaas oo** ka talin jiray galbeedka Afrika.”
*“France has returned a sword owned by a 19th century Muslim leader **who** ruled over West Africa.”*

“Waxaa Madaxweynahu u sheegay in mar walba loo baahan yahay doorkooda nabadaynta iyo isku haynta Bulshada ah **taas oo** dadka Soomaaliyeed ay caan ku yihiin.”
*“The president told them that their role is always needed in bringing the peace and community togetherness **for which** Somali people are famous.”*

“Wararkii ugu dambeeyay ayaa sheegaya in xalay ay sidoo kale dhaceen kulamo gaar gaar ah oo arrintaan ku saabsan **kuwaas** oo ay warar hordhac ah sheegayaan in is Afgarad laga gaaray.”
*“The latest news reported that last night there were also separate meetings about this issue, **in which** preliminary reports stated that an agreement has been reached.”*

Exercise 12 - Translate the below sentence and determine which noun “kaas oo” is referring to:

“Qoraal lagu daababay bogga Qaramada Midoobay, **kaas oo** ku taariikhaysan 07 September 2017, kana soo baxday xafiiska Xoghayaha Guud ee Qaramada Midoobay ayaa lagaga hadlay illaa afar dal oo lagu leeyahay lacag oo ay ku jirto Soomaaliya.”

Oo dhan - “all of, the whole”

(oo + dhan; “to be complete”)

“Go’aanku wuxuu ka kooban[10] yahay nidaamka dugsiga **oo dhan** iyo maamulayaasha **oo dhan**, ayuu yidhi Peter Fredriksson

oo ka tirsan Wakaaladda Waxbarashada Qaranka."
*"The decision applies to **the whole** school system and **all of** the principals, said Peter Fredriksson from the National Education Agency."*

"Maxkamada ayaa xabsi muddo saddex biloods ah iyo ganaax lacageed **oo dhan** $500 ku riday Siyaasi Muuse Cali Jaamac..."
*"The court sentenced politician Muuse Cali Jaamac to three months in jail and a fine of $500 **in total**..."*

<u>Exercise 13 - Complete the translation of the following sentence:</u>

"1954-1958dii waxaa la qabtay dorashooyinkii golayaasha degaannada dalka **oo dhan** waxaa kaloo la abuuray golaha sharci dejinta."
"In   1954   to   1958,   local   council   elections   were ______________________ and the legislative council was also created."

Isaga/iyada/etc. + oo - "while he/she/they/etc."

(from the he/she/they pronouns + oo; i.e. isaga + oo = isagoo)

"Jeneraal Maxamed Sheekh ayaa tilmaamay in howlgalka uu qeyb ka yahay howlgallada dalka looga saarayo Al-Shabaab ayna sii wadi doonaan, **isagoo** dhalinyarada u dagaalameysa kooxdaas ugu baaqay iney ka soo baxaan".
*"General Maxamed Sheekh indicated that the operation is a part of operations to remove al-Shabaab from the country and they will continue, **while he** called on the youth fighting for that group to leave it."*

"Sida sharciga Soomaaliga uu dhigayo waalid keligii ah carruur kalama duuli karto garoonka diyaaradaha **iyadoo aan ogolaansho laga haysan** waalidka labaad ee ubadkaa dhalay."
*"By Somali law, one parent cannot take a child away on a flight **without permission** from the child's second parent."*

"Ciidamada Ilaalad Qaranka Mareykanka ayaa lagu daabulay magaalada Minneapolis **iyagoo loogu baaqay** iney soo celiyaan nidaamka iyo kala dambeyntii magaalada."

*"The US National Guard has been deployed in Minneapolis, **having been called on** to return law and order to the city."*

<u>Exercise 14 - Complete the translation of the following sentence:</u>

"Dacwad-oogayaasha Norway ayaa cayaartoyga markaas u jaray warqad caalami ah oo lagu soo xirayo **iyagoo kaashanaya** Interpol."
"Norwegian prosecutors, _________________________, then issued an international arrest warrant for the player."

Kasta oo/kastoo - "every [X] who/which"
(kasta; "every" + oo)

"Xajka gudashadiisu waa ugu yaraan hal mar waana mid ka mid ah Shanta tiir ee Shareecada Islaamka – shantaas waajib oo ah ah in **qofkasta oo muslim ah**..."
*"Performing the Hajj at least once is one of the Five Pillars of Islam; the five duties for **every Muslim person**..."*

"**Inkasta oo**[11] xiriirka ka dhaxeeya Soomaaliya iyo Maraykanka uu yahay mid diiran, islamarkaasna uu sii kordhayo iskaashiga labada dal, haddane waxaa markii ugu horeysay soo baxaya fikradaha uu madaxweynaha Maraykanka ka qabo Soomaaliya."
*"**Although** relations between Somalia and the US are warm and at the same time bilateral cooperation is growing, now is the first time the ideas of the US president towards Somalia are becoming apparent."*

<u>Exercise 15 - Complete the translation of the following sentence:</u>

"**Hay'adda bisha Cas** ayaa iyana diyaarisay Doomo loogu talagalay in dadka looga soo saaro xaafaddaha haddii ay xaaladu cuslaato, **inkastoo** wali isku socodka magaaladu yahay mid furan."
"____________ prepared boats to move people out of neighborhoods

if conditions worsen, _________ movement within the city is still open."

Tiro badan oo - "many"

(tiro; "quantity" + badan; "many" + oo)

"Si kastaba arrintu ha ahaatee, Shineemooyin **tiro badan oo** ku yaalay magaalada Muqdisho ayaa waxaa horay u xiray Milki-layaashii lahaa kadib markii qaarkood weerar lagu qaaday, halka kuwo kalena loo geeyay Warqado loogu sheegayo in ay Shineemada xiraan."

*"However, **many** cinemas in Mogadishu have already been closed by their owners after some were attacked, while others have been given letters telling them to close the cinemas."*

"**Tiro badan oo** shaqaalaha gurmadka degdegga ah ayaa lagu arkayaa goobta uu falkan ka dhacay oo ku taalla gobolka Hesse ee galbeedka Jarmalka."

"**Many** emergency workers can be seen on the scene of the incident in the western German state of Hesse.

<u>Exercise 16 - Complete the following translation:</u>

"Sida laga soo xigtay ururka, dhakhaatiir dhowr ah oo ku kala sugan dalal kala duwan ayaa u marag kacaya **tiro badan oo** bu-kaanno ah inay ku adkaato dareemidda urka."

"According to the group, several doctors in various countries are observing _________________"

Oo lagu magacaabo - "(who was) named, called"

(oo + lagu; preposition cluster la + ku, "[passive] + with/by" + magaca-abo; from magac, "name")

"Askariga **oo lagu magacaabo** Nuur Daahir Geedi ayaa qirtay inuu falkaasi geystay, waxaana qareenada u doodaya sheegeen inuu ku sugnaa xaalad aan caadi ahayn loona qafiifiyo xukunka."

*"A soldier **named** Nuur Daahir Geedi admitted to causing the inci-dent, and his lawyers said that he was under extraordinary circum-*

stances and that his sentence should be reduced."

"Dibadbaxyo ballaaran ayaa habeenkii 3-xaad ka socda magaal-ada Minneapolis kuwaasi oo looga oo horjeeda dil ay booliska u geysteen nin madow ah **oo lagu magacaabo** George Floyd."
*"Widespread demonstrations continued into their third night in Minneapolis, protesting the police killing of a Black man **named** George Floyd."*

Exercise 17 - Where is Qadra Daa'uud Ismaaciil originally from and what did she do?:
(bonus: determine whether "magaca" here is a noun or a verb)

"Xaruntan oo la siiyey magaca Sweden Beauty Center, ayaa waxaa hirgalisay haweenay daggan dalka Sweden **oo lagu magacaabo** Qadra Daa'uud Ismaaciil, taasi oo dib ugu soo laabatay magaalada Hargeysa."

Maanta oo ah - "Today, which is"

(maanta; "today" + oo + ah; "to be")

"Waxaan **maanta oo ah** 26 june 2018 aan rabaa in aan halkaan hambalyo uga diro dad weynaha Soomaaliyeed meelkasta ay joogaan, gaar ahaan shacab weynaha gobolada Waqooyiga Soomaaliya oo ah maalintii ugu horeysay ee calan Somaliyed laga taago gayiga Somaliyed oo maanta ay kasoo wareegtay 58 sano."
*"On **today, which is** June 26th 2018, I want to send from here my congratulations to the Somali people, wherever they are, especially the people of the northern regions of Somalia, who for the first time had the Somali flag raised on Somali territory on this day 58 years ago."*

Oo kala ah - "who are/which are"

(oo + kala [prepositions ka + la]; indicates separateness + ah; "to be")

"Kursigga Gudoomiyaha Baarlamaanka Puntland waxaa ku tartamaya 3 Musharax **oo kala ah** Cabdirashiid Yuusuf Jibriil, Cab-

dijamaal Maxamed Cusmaan iyo Cali Axmed Saalax."
*"Three candidates are competing for the position of the Speaker of the Puntland Parliament, and **they are**: Cabdirashiid Yuusuf Jibriil, Cabdijamaal Maxamed Cusmaan iyo Cali Axmed Saalax."*

"Wuxuuna ku hadli jirey 5 luuqadood **oo kala ah** Soomaaliga, Carabiga, Ingiriisiga, Ruushka iyo Talyaaniga."
*"And he spoke 5 languages, **which were**: Somali, Arabic, English, Russian and Italian."*

Exercise 18 - Which is most likely to follow the below excerpt: a list of a) player names, b) sports teams or c) soccer positions?

"Goolhayihi ugu fiicnaa iyo daafaci ugu wanaagsanaa xilli ciyaareedkan horyaalka Ingiriiska ayaa waxaa la siiyay labo laacib oo u ciyaara Liverpool kuwaas **oo kala ah...**"

Milyan oo qof[12] - *"million people"*

(milyan; "million" + oo + qof; "person")

"London waa caasimada dalka Midowga boqortooyada Britanwaana magaalada uguwayn wadankaas. [...] Waxaa kunool dad gaadhaya ilaa **7.5 milyan oo qof.** "
"London is the capital of the United Kingdom and is the largest city in that country. [...] It has a population of about **7.5 million people.**"

"Axmed Madoobe iyo C/weli Gaas ayaa sheegay in aan loo dulqaadan karin in la dafiro maqaamka magaaladan oo ay ku nool yihiin in ka badan **4 milyan oo qof.**"
"Axmed Madoobe and Cabdiweli Gaas said that it is intolerable to ignore the status of this city where more than **4 million people** live."

Oo warbaahinta la hadlay - *"speaking to the press"*

(oo + warbaahinta; "press" + la; "with" + hadlay, from hadal; "to speak")

"General Bishaar Abshir Geedi **oo warbaahinta la hadlay** ayaa tilmaamay in ay gudanayaan waajibka Booliiska ka saaran Amniga, isagoo Bulshada Dhuusamareeb kaga mahad celiyay wadashaqeynta ay u muujiyeen laamaha Amniga."

"*General Bishaar Abshir Geedi, **speaking to the press**, pointed out that they are fulfilling their policing duty on security, thanking the people of Dhuusamareeb for their cooperation they have shown to security agencies.*"

Exercise 19 - "oo" is used twice in the following sentence to form phrases that function like adjectives. What in the sentence are these phrases giving information about?

"Ilaa hadda ma heyno wax war ah oo kasoo baxay Al Shabaab oo ku aadan Dagaalka ka dhacay Deegaanka Luuq Jeeloow Ee Gobolka Hiiraan."

Exercise 20 - Fill in the blanks in the below sentences with the following options, one of which will not be used ('isagoo', 'oo aan', 'kastoo', 'oo kale'):

"Gudoomiyaha degmada Deyniile Maxamed Abuukar Jacfar ayaa dhinaciisa sheegay in saldhiggani uu soo shaqeynayay muddo dheer _________ soo dhaweeyay in ciidamada boolisku ay dib ula wareegaan saldhiggaasi."

"Ninkan iyo afar qof _________ ayaa mudo 14-maalin ah karantiil ahaan ugu sugnaa goob gaar ah oo kutaala garoonka Aadan Cadde"

"Qaar kamid ah dadka ka barakacay gudaha magaalada Beledweyne _________ lahadalnay ayaa innoo sheegay wajahayaan xaalad adag, iyaga oo codsaday gurmad deg deg ah lala soo gaaro."

KU

Depending on the context, *ku* is roughly equivalent to English prepositions "in", "by" or "with". Take care not to confuse the preposition *ku* with the direct object *ku* meaning "you".

Ku nool - "living in[13]"

(ku; "in" + nool; "to live")

"Baaritaan lagu sameeyay 24 Caruur ah oo **ku nool** wadamo kala duwan ayaa muujineysa dhibaatada caruurta ay kala kulmeen go'doominta lagu sameeyay iyo goobaha laga xiray marka laga reebo sweden."

*"A survey of 24 children **living in** different countries shows the problems faced by children in isolation and when places are closed from them, except for Sweden."*

"Dadka ku mudaaharaaday Hamburg ayaa sidoo kale cabasho xooggan ka muujiyey sharci la'aanta haysata boqollaal Soomaali ah oo **ku nool** Jarmalka..."

*"People who demonstrated in Hamburg also expressed strong complaints regarding the lack of legal status for hundreds of Somalis who **live in** Germany..."*

Exercise 21 - What is the expected impact of the plan described in the below sentence?:

"Facebook ayaa ku dhawaaqay qorshe lagu dhigayo kaybal dhererkiisu yahay 23,000-mayl oo lagu wareejinayo xeebaha Afrika, si ay internet xawaarihiisu aad u sarreeyo u helaan 1.3 bilyan oo qaaraddan **ku nool**."

Ku sugan - "present/staying/stationed in"

(ku + sugan; "to be verified, confirmed")

"Kiiskii ugu horreeyay ee cudurka Corona ee laga xaqiijiyay

gudaha Jabuuti wuxuu ahaa askari u dhashay Spain oo kamid ahaa ciidammada shisheeye ee **ku sugan** dalkaas."

*"The first case of Coronavirus confirmed in Djibouti was a Spanish soldier who was among the foreign forces **present in** that country."*

"Wariyeyaal **ku sugan** degmada Guriceel ayaa waxaa ay sheegayaan in dagaaladii ka dhacay degmadaas ay ku geeriyoodeen Saddex Askari oo ka mid ah dhinacyadii dagaalamay, iyagoo intaas ku daray in xaaladu degan tahay inkastoo xiisad kacsan ay jirto."

*"Reporters **in** Guriceel are saying that three soldiers from the warring factions died in the battle that occurred there, adding that the situation is calm despite elevated tensions."*

<u>Exercise 22 - Where are the soldiers mentioned in the below sentence and what are they doing?:</u>

"Xaalad adag ayaa ka taagan goobta ciidanka Mushaarkooda raadsanaya ay **ku sugan** yihiin, waxay diideen in Jidka la maro iyagoo celinaya gaari kasta oo sida qof madax ah."

Ku saabsan[14] - "regarding, about, concerning"

(ku + saabsan; "to be related to" [something])

"Hay'adda amniga ayaa dhawaan siidaayay macluumaad **ku saabsan** shaqsiyaadkaan, iyagoo kusoo bandhigay barnaamijka Gungaar ee ka baxa warbaahinta dowlada"

*"The security agency has recently released information **concerning** these individuals, which they presented on the Gungaar program on state-run media."*

"Kulanka ayaa **ku saabsanaa** sidii ay hay'adda Bisha-Cas ee dalka Kuwait ugu qeyb qaadan lahayd gurmadka caalamiga ah ee lagu taakuleynayo dadkii ay waxyeelladu kasoo gaadhay roobabka iyo fatahaadaha webiyada Jubba iyo Shabeelle."

*"The meeting **focused on** how the Red Crescent organization of Kuwait would take part in international relief to support people affected by the rains and river floods of the Jubba and Shabelle rivers."*

Exercise 23 - What is the topic of the VOA program mentioned below?:

"Barnaamijka Bandhigga VOA waxa uu toddobaadkan **ku saabsan** yahay qiima dhaca ku yimid shidaalka caalamka, oo dalalka qaarkood sida Mareykanka, uu mar qiimaha halkii barmiil ee saliidda cayriin ka hoos maray 0 dollar."

Ku yaalla - "at, in, located in"

(ku + yaalla, from aal; "to be" [in a fixed place]; feminine is ku taal)

"War Qoraal oo aha ka soo baxay taliska PSF[15] ayaa lagu sheegay in Howlgalku uu ahaa mid qorsheeysan ayaa Ciidamada sigaar ah uga fuliyay guryo **ku yaalla** Boosaaso, waxaana inta uu socday howlgalka lagu soo qabtay dad badan u dhalinyao..."
*"A written statement from the PSF command said that the operation was planned and carried out by forces **at** homes in Boosaaso, and during the operation many youths were arrested..."*

"Kenya waa waddan **ku yaalla** bariga afrika tirada dadkiisa waxa lagu qiyaasaa illaa 48milyan, wuxuu xuduud la leeyahay waddamada kala ah: Soomaaliya, Yugaandha, Tanzaaniya, Koonfurta-suudaan iyo itoobiya"
*"Kenya is a country **located in** East Africa; its population is estimated at 48 million, and it shares borders with Somalia, Uganda, Tanzania, South Sudan and Ethiopia."*

Exercise 24 - Contrast the below sentences. What do you think is the difference between "ku taal" and "ku taalla" (and by extension, "ku yaal" and "ku yaalla")?:

"Garasbaley waxay ku taal gobalka Banadir ee Soomaaliya, caasimadiisu tahay Magaalada Muqdisho."
"Maxkamad ku taalla Turkiga ayaa dhageystay kiis lagu doonayo in madxafka la dhisay qaranigii lixaad ee Hagia Sophia dib looga dhigo Masjid, waxaana ay go'aanka ku dhowaaqi doontaa 15 sano gudahood."

Ku jir - "to be, to remain in"

(ku + jir; "to be/stay/exist"[16])

"Tobbaneeyo dhallinyaro iswiidhish soomaali ah kuna nool xaafadaha Järva ee magaalada Stockholm ayaa dhowaan furay khad telefan halka ay waayeelka aan soo adeegan karin amba u baahan in daawoyin loo soo iibiyo ey kala xidhiidhi karaan. Sababta ayaa ah in ay heeyada caafimmadka bulshadu kula tallisay dadka da´da weyn in ay guryahooda **ku jiraan** wakhtiga feyruska Corona."

*"Dozens of Somali-Swedish youth living in the Järva district of Stockholm recently opened a hotline where elderly people who are unable to shop or who need medicine bought for them can contact them. The reason for this is that the public health agency has advised older people **to remain** in their homes during the Coronavirus."*

"Amarkan oo **aanay ku jirin** dhowr xaaladood ayaa waaxa uu socon doonaa muddo 60 casho ah waxaana laga yaabaa in la sii dheereeyo, ayuu yiri."

*"This order, which **does not include** a few conditions, will continue for 60 days and may be extended, he said."*

<u>Exercise 25 - Translate the below sentence:</u>

"Ciidanka NISA ee Koontaroolka ku leh Isgoyska Tarabuunka ayaa **ku jira** feejignaan iyo difaac, laakiin dhankooda qayb kama ahan dagaalka halkaasi ka dhacay."

Ku meel gaar ah - "temporary"

(ku + meel gaar; "not permanent" [literally "special place"] + ah; "is")

"Ardayda caafimaadka barata ee ku jirta sanadkoodii ugu dambeeyay ee jaamcadda ayaa sidoo kale laga yaabaa in la siiyo shaqo **ku meel gaar ah**."

*"Medical students in their final year of university also may be given **temporary** work."*

"Tallaabadan ayaa lagu qeexay mid **ku meel gaar ah**, sida uu sheegay afhayeen u hadlay taliska milatariga Mareykanka..."
*"This step is described as a **temporary** one, according to a spokesperson for the US military command..."*

<u>Exercise 26 - Complete the below translation:</u>

"Dowladda Faransiiska ayaa si **ku meelgaar** ah waxa ay uga baxday howlgalka ammaanka ee gaashaanbuurta Nato..."
"_______________________________ withdrew from NATO alliance security operations..."

Ku sheeg - "say, tell, state"

(ku + sheeg; "to report", "to state" or "to tell" [occasionally as adjective - "so-called", "pseudo"])

"Maalmo kadib dowladda Soomaaliya ayaa qoraal ay soo saartay **ku sheegtay** in Cabdiwaaxid uu soo dhameystay xabsi lagu xukumay, sidaas darteedna uusan hadda wax dambe[17] ah lahayn."
*"Days later, the Somali government **said in** a statement that Cabdiwaaxid had finished his prison sentence and therefore is not guilty of any crime now."*

"Afhayeen u hadley ciidamada DANAB aya abeeniyey[18] warar ay baahiyeen kooxda Al-Shabaab oo ay **ku sheegteen** in ay askar badan ka dileen ciidamadooda."
*"A spokesman for the DANAB forces has refuted reports put out by al-Shabaab **where they said** that they had killed many of their soldiers."*

"Qoraaga qisada Maana-faay waa Dr Maxamed Daahir Afrax. Waa qoraa leh sheekooyin shaacbaxay; waxaa ka mid ah '**Guur ku sheeg**' (1975)..."
*"The author of the story Maana-faay is Dr. Maxamed Daahir Afrax. He is an author of popular stories, one of which is '**Pseudo-marriage**' (1975)..."*

Exercise 27 - Translate the following sentences. What would you have to change to re-write the Somali versions using "ku sheeg"?:

"Dowladda Soomaaliya ayaa **sheegtay** in dib loo furayo duulimaadyada gudaha dalka oo horey loogu xiray…"
"Laba mas'uul ayaa VOA u **sheegay** in diyaaradda ay ku dhaceen wax dhulka laga riday oo mid ka mid ah uu ku tilmaamay gantaal"

Ku dhaqan - "living/residing in"

(ku + dhaqan; various meanings in context, including "culture", "care for", "live", "conduct", "custom")

"Sanbaloolshe ayaa ugu horeyn ku bilaabay maqaalkiisa sida Soomaalida ku dhaqan gudaha iyo dibadda u soo dhoweeyeen doorashadii Madaxweyne Farmaajo iyo rajada laga qabay…"
"*Sanbaloolshe began his article with how Somalis living at home and abroad welcomed the election of President Farmaajo and the hopes they held…*"

"Labada Madaxweyne ayaa kawada hadlay xoojinta xiriirka dadka ku dhaqan labada deegaan iyo sidii ay wada shaqeyn dhaw u yeelan lahaayeen Maamulada Somaliland iyo maamulka Somali State ee xaruntiisu tahay Jigjiga."
"*The two presidents discussed strengthening the relationship between people living in the two regions and how they might establish close cooperation between the Somaliland authorities and the Somali State administration with its headquarters in Jigjiga.*"

Ku dhac - "occur, fall"

(ku + dhac; "to happen", "to fall", also "to hit", "to steal")

"Xataa waxa kale oo xiise leh su'aasha ah waxa dhici kara marka walaxi **ku dhacdo** godka madow."
"*Something else interesting is the question of what can happen when something falls into a black hole.*"

"'Waa in doorashadu ay **ku dhacdo** waqtigii loogu tala galay [...]',
ayuu Ra'iisul Wasaaruhu yiri."
"*'The elections must **happen** on time [...]', said the Prime Minister.*"

Exercise 28 - What do you think is the best way to translate ku dhacay in this sentence?

"Dhinaca kale, Dalka Jabuuti ayaa maanta xaqiijiyay 9 qof oo
kale oo uu **ku dhacay** cudurka Corona, sida uu sheegay xogha-
yaha wasaaradda caafimaadka Jabuuti, Saalax Banoyta Turaab."

Ku saleysan- "based in"

(ku + saleysan, from sal; "base" or "root" [as in a word])

"Wuxuu intaa ku daray in "labada dowladood ay ku heshiiyeen
billaabidda xiriir **ku saleysan** saaxiibtinimo iyo wadaagidda
qiyamka ay ka mideysan yihiin ee ah xuriyadda, dimuqur-
aadiyadda, cadaaladda iyo sharciga iyo kala dambeynta."
"*He added that, 'the two governments agreed to begin relations **based
in** friendship and sharing their common values such as freedom,
democracy, justice and law and order.*"

Exercise 29 - Complete the below translation:

"Ardayda ayaa imtixaanka lagu soo hordhigaa su'aalo ku saley-
san nolosha dhabta ah, kuwaasoo la eego sida ay uga shaqeeyaan
iyagoo adeegsanaya aqoontooda waxbarasho."
"*On the test, students ___________________________________, and it is
observed how they solve them using their academic knowledge.*"

Exercise 30 - Write two sentences, one containing 'ku' used as a 'you' pronoun, another containing 'ku' used as a preposition. What clues do you think might be helpful in telling the pronoun apart from the preposition?

Bonus: Determine why sentences using 'ku' as a 'you' pronoun might be less
common in Somali newspaper articles.

EE

"Ee" is used to link two words or phrases, with one describing the other (often like "of" or "that" in English), or also to link two separate sentences as a way to contrast the information in them.

Ee uu - "that he/it", "of him/it"

(ee + uu; "he/it" pronoun)

"Si gaar ah shirka waxa diiradda lagu saari lahaa waqtiga dastuuriga ah ee hay'adaha fadaraalka ah **ee uu** xilligeedu gebagabda ku dhaw yahay."
*"The focus of the meeting was specifically on the constitutional term of federal institutions, the term **of which** is coming to an end."*

"Waa kuwee afarta dal ee Afrika **ee uu** Shiinuhu doonayo inuu saldhig milatari ka sameysto?"
*"Which are the four African countries **that** China wants to build a military base in?"*

Exercise 31 - Is it more accurate to say that the government or the President has been accused of the actions mentioned in the below sentence? What role does the "ee uu" part play?

"Dowladda Soomaaliya **ee uu** hoggaaminayo Madaxweyne Maxamed Cabdullaahi Farmaajo ayaa lagu eedeeyey caburinta Saxaafadda..."

Kale ee - "other (of)"

(kale "other" + ee, used here to connect adjectives or descriptive phrases to words or to each other)

"Afartan dal ayaa Doha ku eedeeyey inay aad ugu dhowdahay Iran [...] Cuman iyo Kuwait oo ah labada dal ee **kale ee** golaha ku

jira ayaa dhex-dhexaad ka noqday xiisadda."
*"These four countries have accused Doha of being too close to Iran [...] Oman and Kuwait, the two **other** countries on the council, have been neutral in the affair."*

"Sidaa awgeed waxa aan ka filayaa madaxda qaranka oo uu madaxweynuhu kow ka yahay, golayaasha sharciga iyo laamaha **kale ee** sharcigaba in ay dib u eegaan xeerkan, dibna loo saxo waxa ka khaldan."
*"Therefore, I expect national officials, starting with the president, legislative councils, and **other** branches of law, to review this law and for the mistakes to be corrected."*

<u>Exercise 32 - Complete the translation of the following sentence:</u>

"Xafiiska xeer ilaalinta Mareykanka ee magaalada Alexandria ee gobolka Virginia, ayaa sheegay in eedaha **kale ee** uu Liibaan wajahayo ay tahay isku-dayga inuu rabay inuu shaqaaleysiiyo sarkaal dharcad ah si uu ugu safro Soomaala isla markaana uu tababar u soo siiyo dagaalyahannada Al-Shabaab."
"The U.S. Attorney's Office in Alexandria, Virginia, says that ________________________ an attempt to hire a plainclothes officer to travel to Somalia and train al-Shabab fighters."

Ugu weyn ee - "the biggest (which)"

(ugu; particle for superlatives [i.e. biggest/smallest/etc] + weyn; "large" + ee)

"Qatar waa **dalka ugu weyn ee** taageera dowladda uu hoggaamiyo Farmaajo."
*"Qatar is **the biggest country** to support the government led by Farmaajo."*

"**Dhibaatada ugu weyn ee** aan wajahno ayaa ah inaysan hadda dalka Kenya aysan ka jirin shirkad gaar u ah gabdhaha dharka xayeysiiya, marka shaqa helidda aad ayey noogu adagtahay."
*"**The biggest problem** we are facing is that there is no specialized*

modeling agency in Kenya, so finding work is very difficult for us."

<u>Exercise 33 - Translate the following sentence:</u>

"Afahayeen u hadlay dowladda Iran ayaa sheegay in dabka ka kacay **goobta ugu weyn ee** lagu sameeyo shidaalka Nukliyerka Iiraan uu khasaare weyn dhaliyay."

X mucaaradka ah ee - "(a/the) opposition X of…"

(mucaaradka; "opposition" + ah; "is" + ee)

"Liibaan Maxamed Coloow waxa uu ka mid ah **siyaasiyiinta mucaaradka ah ee Jubbaland**, waxa uu BBC-da u sheegay in habraaca lasoo bandhigay uusan ahayn mid sax ah oo u cuntam-aya musharixiinta isbadel doonka ah."
*"Liibaan Maxamed Coloow, who is **an opposition politician in Jubbaland**, told BBC that the proposed procedure is not the right one that is acceptable to pro-change candidates."*

"'Mar waliba **qolada mucaaradka ah ee** danta ka leh kursiga waa in ra'yigooda la helaa. [...] Marka waa in si uun loola tashado oo la yiraahdo xitaa haddii aydaan go'aanka gaareyn talada wax ka yeesha,' ayuu sheegay Afyare."
*"'Whenever there are **opposition groups** that have an interest in the seat, their opinions must be heard. [...] So, somehow they must be consulted and be told even if they do not make a decision, they should give their advice,' said Afyare."*

<u>Exercise 34 - Complete the following Somali sentence based on its translation:</u>

"____, ayaa ugu baaqday Raisul Wasaaraha in uu hakiyo dhaqdhaqaaqa mili-tari uuna bilaabo hannaan nabadeed."
*"The **opposition group** operating in the Somali state, the ONLF, called on the Prime Minister to suspend military action and to begin the peace process."*

Ee ciidamada qalabka sida - "(of the) Armed Forces"

(ee + ciidamada; "forces" + qalabka; "tools, devices, weapons" + sida; "carries")

"Maalinnimadii Khamiistii taliska guud ee ciidanka ayaan muddo dheer hadal kama soo bixin intii ay Jeneraal Ibn Cawf iyo taliyeyaasha sar sare **ee ciidamada qalabka sida ee Sudan** iyo taliyeyaasha sare ee nabad sugidda sida Salaax Cabdallah Goosh, taliyaha nabad sugidda qaranka NISS, ay ku loolamayeen sida hannaanka siyaasadeed ee dalku noqon doono marka Bashiir xilka laga qaado."

*"During the day Thursday, the army general command did not issue a statement for a long time while General Ibn-'Auf and senior commanders **of the Sudanese armed forces** and senior intelligence commanders such as Salah 'Abdallah Ghosh, commander of the NISS[19], clashed over how the political process in the country would turn out as Bashir was removed from power."*

<u>Exercise 35 - Translate the following sentence:</u>

"Korneyl Xasan Cali Nuur (Shuute), Gudoomiyaha Maxkamadda Darajada 1aad **ee Ciidamada Qalabka Sida** ayaa Arbacadii ku dhawaaqay in ay tallaabo adag ka qaadi doonaan, cid kasta oo ku lug yeelata dagaal beeleedyada ka dhacay degmadaasi."

Xoghayaha guud ee Qaramada Midoobay - "UN Secretary General"

(xoghayaha; "the secretary" + guud; "general" + ee + qaramada; "nations" + midoobay; "united" [from mid; "one"])

"Madaxweynaha Jamhuuriyadda Federaalka Soomaaliya Maxamed Cabdullaahi Farmaajo ayaa wadahaddalo waxaa uu kula yeeshay magaalada New York ee dalka Mareykanka **Xoghayaha Guud ee Qaramada Midoobay** Antonio Gutteres."

*"The president of the Federal Republic of Somalia, Maxamed Cabdullaahi Farmaajo, held a discussion in the US city of New York with the **Secretary General of the United Nations**, Antonio Guterres."*

"**Xoghayaha guud ee Qaramada Midoobay** António Guterres

ayaa si xoogan u cambaareeyay weerar shalay lagu qaa-
day xafiiska Qaramada Midoobay uu ku leeyahay magaalada
Muqdisho."
"Secretary General of the United Nations, *Antonio Guterres,
strongly condemned yesterday's attack on the UN office in Mogadi-
shu."*

Exercise 36 - Starting with Mohamed Sahnoun in 1992,
the UN Secretary General has appointed a series of Special Rep-
resentatives to Somalia. In recent years, this post has been held
by Tanzanian minister Augustine Mahiga and British diplomat
Sir Nicholas Kay, among others. Conducting your own research
as necessary, identify the Somali language terms for this post
and names of other recent appointees.

Magaalada X ee xarunta gobolka Y- "the city X, which is the capital of Y region"

(magaalada; "the city" + [city name] + ee + xarunta; "seat/HQ/capital" +
gobolka; "region/state" + [region name])

"Magaalada Boosaaso ee xarunta Gobolka Bari waxaa ka socda
qaban-qaabada muddaharaadyo looga horjeedo hannaanka loo
qaybiyay Afarta Waaxood ee Boosaaso sida ay Puntland Post u
sheegeen qaar kamid ah dadka abaabulkaas wada."
*"In **the city of Boosaaso, capital of the Bari region**, a protest has
been organized against the process for dividing up the four Depart-
ments of Boosaaso, as some of the organizers told Puntland Post."*

"Madaxweynaha Dowladda Puntland Mudane Siciid Cab-
dullaahi Deni iyo wefti balaadhan oo uu hogaaminayo ayaa
maanta gaaray **magaalada Gaalkacayo ee xarunta Gobolka
Mudug**."
*"The President of the Puntland government, His Excellency Siciid
Cabdullahi Deni, and a large delegation led by him arrived today at
the **city of Gaalkacayo, capital of the Mudug region**."*

Exercise 37 - Translate the below sentence and conduct

your own research to identify other Somali regional capitals. See what stories you can find about these places through an internet search on the "magaalada X ee xarunta gobolka Y" pattern:

"**Magaalada Baladweyne ee xarunta gobolka Hiiraan** waxaa xiligan ka jira xaalad adag oo dhinaca bini'aadanimada ah, waxaana qeybo badan oo kamid ah magaaladaasi saameyn ku yeeshay fataahada uu sameeyay wabiga Shabelle."

Jamhuuriyada iskeed ugu dhawaaqday madaxbannaanida ee Somaliland - "the self-proclaimed independent republic of Somaliland"

(jamhuuriyada; "republic" + iskeed ugu dhawaaqday; "voluntarily/self declared" + madaxbannaanida; "independence" + ee + Somaliland)

"Dagaal laba beelood ku dhex maray degmada Ceel Af-weyn oo ka tirsan gobolka Sanaag ee **Jamhuuriyadda iskeed ugu dhawaaqday madaxbannaanida ee Somaliland** ayey dad ku dhinteen kuwo kalena ku dhaawacmeen."

*"Fighting between two clans in the Ceel Af-weyn district in the state Sanaag region of the **self-proclaimed independent republic of Somaliland** has resulted in deaths and multiple injuries."*

"Madaxweynaha Soomaaliya, Maxamed Cabdullahi Farmaajo, ayaa muujiyay sida uu u diiddan yahay xiriirka dhawaan ay yeesheen Taiwan iyo **Jamhuuriyadda iskeed ugu dhawaaqday madaxbannaanida ee Somaliland**."

*"President of Somalia, Maxamed Cabdullahi Farmaajo, expressed his rejection of the recent relationship between Taiwan and the **self-proclaimed independent republic of Somaliland**."*

Exercise 38 - Conduct research to determine whether newspapers in Somalia, in Somaliland, or both use this term to describe Somaliland. What political perspectives do you think might motivate newspapers from one area or another to use (or not use) this term?

Caalamiga ah ee - "international (of/that)"

(caalamiga; "world" + ah; "is" + ee)

"Sharcigan ayaa abuuraya Hay'ada Batroolka Soomaaliyeed iyo Shirkada Batroolka Qaranka Soomaaliyeed oo la howlgeli doonta **shirkada caalamiga ah ee Shidaalka ee Soomaaliya ka howlgala**."
*"This law will create the Somali Petroleum Authority and the Somali National Oil Company, which will work with **international oil companies that operate in Somalia**.."*

"Madaxweynaha Suudaan Cumar Xasan Al Bashiir ayaa usafraya dalka Ruushka Bisha soo socota xilli ay aad uyaryihiin safarrada dibadda ee madaxweynaha kadib eedeynta dambiyada dagaal ee **maxkamada dambiyada Caalamiga ah** ee ICC."
*"Sudan's president, Omar Hasan al-Bashir, will travel to Russia next month at a time when the president is making very few international trips in the wake of war crimes accusations by the **International Criminal Court** (ICC)."*

<u>Exercise 39 - Complete the translation of the following sentence:</u>

"Doowlada Ingiriiska ayaa lagu wadaa in ciidamo ka badan 300 oo askari ay u dirto waddamada Koonfurta Suudaan iyo Soomaaliya si ay u taageeraan hawlgalada nabad ilaalinta **caalamiga ah ee** waddamadaasi."
"The British government is set to send forces comprising more than 300 soldiers to the nations of South Sudan and Somalia in order to _______________________________________."

Tirada guud ee dadka bogsooday - "total count of people who recovered"

(tirada; "count/number" + guud; "total/overall" + ee + dadka; "people" + bogsooday; "recovered/healed")

"Wasiirka Caafimaadka iyo Daryeelka Bulshada Xukuumadda

Federaalka Soomaaliya, Marwo Fowziya Abiikar Nuur ayaa war-bixinta maalinlaha ah ee COVID19 ku sheegtay inay Feyruska Karoona ay ka bogsoodeen 27 qof oo cusub, taasoo **tirada guud ee dadka bogsooday** ka dhigeysa 751.”

“The Minister of Health and Social Welfare of the Federal Government of Somalia, Ms. Fowziya Abiikar Nuur stated in the daily COVID19 report that 27 people had newly recovered from the Coronavirus, which brings the **total count of people who recovered** *to 751.”*

Exercise 40 - Translate the below sentence. Identify specifically what the part introduced by “ee” and beginning with “lagu dhawaaqay...” refers to:

“Madaxweyne hore Sh Shariif ahna Gudoomiyaha madasha Xisbiyadda qaran ayaa sheegaya in kulanka si guud looga hadlay arimaha doorashooyinka iyo shirka beesha Mudullood ee lagu dhawaaqay inuu ka qabsoomi doono Magaaladda Muqdisho .”

IYO

"Iyo" is used almost identically to "and" in English, but shows up in some unique phrases, as seen below.

Iyo in kale - "(whether) or not"

(iyo + in; "if/maybe" + kale; "other")

"Muuqaal kale oo Youtube lagu baahiyey ayaa isna sidaas oo kale ku andacoonaya in talaalka marka hore la iskaga tijaabinayo Afrikaanka si loo ogaado in aanu dhibaato lahayn **iyo in kale** inta aan wadamada hodanka ah dadkooda la siin."

*"Another video posted on YouTube also claims that the vaccine is to be tested first on Africans in order to know if it is safe **or not** before giving it to people in rich countries."*

"Xukuumadda madaxwaynaha dalka Mareykanka Donald Trump ayaa cunaqabatayn ugu hanjabtay saraakiisjha maxkamada caalamiga ah ee ICC ee baaritaanka ku haya in Mareykanka ay dambiyo dagaal ka geysteen Afqanistaan **iyo in kale.**"

*"The government of US President Donald Trump threatened sanctions against officers of the International Criminal Court (ICC) investigating **whether or not** the US committed war crimes in Afghanistan."*

<u>Exercise 41 - Complete the following translation:</u>

"Ma cadda in ay dhab ka tahay **iyo in kale**, balse waxaa horay u dhacday in isbitaal loo dhigay fannaanka xanuun dhanka maskaxda ah (waashay) oo uu iminka kasoo bogsooday."

"It is not clear if it _____________________, but the artist had been hospitalized with mental illness (madness) and has just now recovered."

Tan iyo - "since"

(tan; [usually "this" but not in this phrase] + iyo)

"**Tan iyo** intii uu socday ololihii xorriyad doonka, Soomaalida meel walba oo ay dunida ka joogtay waxay ka midaysnaayeen sidii ay 'heeryada gumaysiga isaga dulqaadi[20] lahaayeen.'"

"*Ever since the campaign for freedom, Somalis the world over have been united in the 'removal of the colonial rules'.*"

"Burundi ayaa ku dhex jirtay xasarad **tan iyo** markii madax-weyne Pierre Nkurunziza uu jebiyey dastuurka, si uu xafiiska u fariisto markii saddexaad, isaga oo dib u doorasho ku guuley-stay 2015-kii."

"*Burundi has been in crisis **since** President Pierre Nkurunziza violated the constitution, in order to run for office a third time, winning re-election in 2015.*"

Ilaa iyo - "until[21], yet"
(ilaa; from the Arabic for "to" + iyo)

"Weerarkaasi ayaa dhacay Bishii January 15-keeda sanadkii 2016-ka, waxaana dowladda **ilaa iyo hadda** aysan jawaab ku filan siinin qoysaska askartii lagu laayay weerarkaas oo la aaminsan-yahay in uu dhacay xili xasaasi ah."

"*That attack occurred on the 15th of January in 2016, and the government **has not yet** given a sufficient answer to the families of the soldiers killed in that attack, which was believed to have occurred at a critical time.*"

"Heshiiskan waxaa uu dhaqan gal yahay **ilaa iyo** inta ay Dow-ladda Federaalka iyo Dowladaha xubinta ka ah Dowladda iyo Maamulka Gobolka Banaadir ka gaaraayaan heshiis dhameey-stiran ee qeybsiga dakhliga ka soo xarooda kalluumeysiga."

"*This agreement is in effect **until** the Federal Government, the member states, and the Banaadir Regional Administration reach a comprehensive agreement on the distribution of the fisheries revenue.*"

<u>Exercise 42 - Translate the following sentences:</u>

"Isbedel weyn ayaa laga dareemayaa Magaalada Ceelbuur ee Gobolka Galgaduud **tan iyo** markii ay ka baxeen Magaaladaasi cii-damadii Itoobiya."

"Shaki la'aan Magaalada Baydhabo waxay ku guuleysatay in ay martigeliso kalfadhigii ugu horeeyay ee ay isugu yimaadaan gudaha dalka Soomaaliya Xildhibaanada Baarlamaanka, dadke-eduna xilkasnimo ayay muujinayaan **ilaa iyo** maanta. "

Qof iyo cod - "One person, one vote"

(qof; "[a] person" + iyo + cod; "[a] vote")

"Maxaa curyaamiyey fikradii demuqraadiyada ee doorashada **"Qof iyo Cod"**? Fikrada dimuqraadiyada ee dadku simanyihiin waxaa cuna qabatayey dadka wax dheefka iyo sandareerada[22] ka helay nidaamka Somaliya haatan ku dhaqanto."
"What has hobbled the democratic idea of 'one person, one vote' elections? The idea of democracy in which the people are equal will sanction[23] the people who profited from the existing system in Somalia."

"Waxaa sii yaraanaya suuragalnimada doorasho **Qof iyo Cod** ah oo u baahan waqti dheeraad ah, waxayna xaaladu ku socotaa Doorasho dadban oo aanu hore ugu xisaabtamin Madaxweyne Farmaajo."
*"The possibility of a **one person, one vote** election that requires extra time is diminishing, and the situation is going towards an indirect election that President Farmaajo hadn't taken into account."*

Mid amni iyo mid dastuur - "(of) security and (of the) constitution"

(mid; "one" + amni; "security" + iyo + mid + dastuur; "constitution")

"'Waa in doorashadu ay ku dhacdo waqtigii loogu tala galay, la-gana fogaadaa in lagu shaqeeyo fikir ku saleysan mudo kordhin sababtoo ah mudo kordhintu waxay horseedi kartaa qalalaase siyaasadeed, **mid amni iyo mid dastuur'**, ayuu yiri Kheyre."
"'Elections must be held at the appointed time, let the idea of extending them be avoided, because extending them could lead to political,

security and constitutional crises', said Kheyre."

Exercise 43 - Translate the following sentence:

"Madaxweyne Deni wuxuu balan qaaday dhismaha Wadada isku xirta Hotel Gufure **iyo** Suuqa-weyn ee Qardho, taasoo dher-erkeedu yahay 200m."

Exercise 44 - Fill in the words missing from the following translation:

"Qaab nololeedka aadanuhu waa tillaabooyin iyo dhacdooyin isdabajoog ah ilaa Aadam **iyo** Xaawo."
"The _________________ is a series of steps and events going all the way up to __________."

Exercise 45 - Complete the following translation:

"Wax-ku-oolnimada is bad-baddalka hoggaanku waxa ay tahay iyada oo odayga ama hoggaanka cusubi uu la imanayo maskax cusub **iyo** sixitaan khaladaadkii uu galay odaygii ka horreeyey"
"The effectiveness of a change in leadership is when the new elder or leader comes with new ideas _______________________________."

IS

"Is" is a "reflexive" pronoun, meaning that it's used to indicate when the subject ('doer') of a verb is also the object ('receiver') of a verb; i.e. "I saw myself (in a mirror)". It can also be used with verbs that don't take an object; i.e. "We became lost."

Isgaarsiinta - "communication"
(is + gaarsii; "to convey [something]")

"Shirkadda Isgaarsiinta Somtel ayaa Deeq Dhar Ciid ah Gaarsii-say Caruurta Danyarta & Agoomaha Ku jira Xarunta Dr Kadare Ee Dhaqan Celinta & Daryeelka Caruurta ee kutaala magaalada Muqdisho."
*"Somtel **Telecommunications Company** Donates Eid Clothes to Poor Children & Orphans at Dr. Kadare Rehabilitation & Child Care Center in Mogadishu City."*

"Dayuuradaha aan duuliyaha laheyn ee Mareykanka ayaa duqeyn ku dilay maamulihii Shirkadda **Isgaarsiinta** Hormuud ee laanteeda magaalada Jilib."
*"An American drone strike killed the manager of the Jilib branch of **telecommunications** company Hormuud."*

Exercise 46 - Translate the missing section of the following sentence:

"Wadatashiyo ay qeyb ka aheyd Beesha Caalamka ayaa suura gal ka dhigay in Madaxda marka ugu horeysay shir horudhac ah ku yeeshaan qadka isgaarsiinta, kaddibna loo gudbo mid fool ka fool ah."
"Consultations, which the international community is a part of, have made it possible for leaders to initially _______________________________, then proceed to a face-to-face meeting."

Iskaashi - "cooperation"
(is + kaashi; "to collaborate")

"Madaxweynaha Jabuuti ayaa dhankiisa waxaa uu sheegay in dadka Reer Jabuuti ay jecel yihiin **iskaashiga** dalalka Afrika,isla markaana ay la garab taagan yihiin Shacabka Soomaaliyeed dhiirigelin iyo walaalnimo."
*"The President of Djibouti, for his part, said that the people of Djibouti love the **cooperation** between African countries, and they stand with the Somali people in encouragement and brotherhood."*

"Qatar ayaa Khamiistii beenisay inay qorsheyneyso inay ka baxdo Golaha **Iskaashiga** Khaliijka, xilli ay isku diyaarineyso inay xusto sanad guuradii saddexaad ee kasoo wareegtay go'doomin ay geliyeen Sacuudiga iyo xulufadiisa."
*"On Thursday, Qatar denied that it was planning to leave the Gulf **Cooperation** Council, as it prepares to mark the third anniversary since the beginning of the embargo imposed by Saudi Arabia and its allies."*

<u>Exercise 47 - Translate the following sentence:</u>

"Raisul Wasaare ku xigeenka Soomaaliya, Mahdi Maxamed Guuleed ayaa BBC-da u sheegay in madaxweyne Farmaajo uu diyaar u yahay in uu ka dego magaalada Hargaysa isaga oo sida calanka Soomaaliya, balse Wasiirka arrimaha dibada iyo **iskaashiga** caalamiga ah ee jamhuuriyada iskeed ugu dhawaaqdey madaxbanaanida ee Somaliland Sacad Cali Shire ayaa sheegay in aan wali halkaas la isla gaadhin."

Isbadal - "change"
(is + badal; from the Arabic for "to change or replace")

"Khubarada dhanka sharciga ayaa waxay sheegeen in **isbadalka** lagu sameynayo xeerarkan ay ahayd in ay ku lug yeeshaan aqalka congreska ama maxkamadaha dalkaasi."
*"Legal experts said that **changes** to these laws should involve the*

House of Representatives or the courts of that country."

"Siyaasiyiin iyo waxgarad aqoon u leh Maxamed Farmaajo oo ku nool gudaha dalka iyo dibaddiisa ayaa sheegay in uu yahay nin awood u leh inuu **isbadal** ka dhaliyo dalka…"
*"Politicians and intellectuals who know Maxamed Farmaajo, both in the country and abroad, said that he is someone capable of making a **difference** in the country…"*

<u>Exercise 48 - Complete the translation of the following</u> <u>sentence:</u>

"Horumarinta adeegyada aas aasiga[24] ah sida waaxda caafimaadka ee NHS, guri la'aanta, **isbadalka** cimilada, ka hort-agga dambiyafda iyo qaar kaloo badan ayaa Iyana kamid ah olalaha iyo hal ku dhigyada doorashada ee axsaabta siyaasadda dalka Britain."
"____

______________ *and many others are part of the campaigns and elec-tion slogans of Britain's political parties."*

Ismiidaamin - "suicide (attack)"

(is + miidaamin; not commonly seen without "is")

"Kooxda al-Shabaab ayaa sheegatay masuuliyadda weerar **is-miidaamin** oo fashilmay kaas oo ka dhacay bannaanka hore ee xerada ciidamada…"
*"The al-Shabaab group claimed responsibility for a failed **suicide at-tack** which occurred in front of the military camp…"*

"Sida looga bartay Shabaabka ayaa marka ay weerarayaan Ho-teelada Magaalada Muqdisho waxay weeraradoodu ku bilaabin jireen **ismiidaamin**, balse uu weerarkii xalay ahaa mid toos ah, oo ay ku galeen SYL Hotel, ka dib markii ay xoog kaga gudbeen ilaaladii hotelkaasi."
*"As is known when Shabaab attacks hotels in Mogadishu, they used to begin their attack with a **suicide bombing**, but last night's attack was a direct one where they entered the SYL hotel after overcoming*

the hotel's guards by force."

Exercise 49 - Complete the translation of the following sentence:

"Qaraxa oo ahaa **Ismiidaamin** ayaa waxaa fuliyay ruux watay Gaari ay ka Buuxeen walxaha Qarxa, Wuxuuna ku dhuftay Kunteenar lagu uruuriyo Lacagaha Canshuurta ee laga qaado Gaadiidka Soo gala Magaalada Muqdisho."

"_______________________________ *carried out by someone driving a car filled with explosive materials; he struck a container that held* ___________________"

Isbahaysiga - "alliance, coalition"

(is + bahaysiga; related to bahayso, "to be related/to form an alliance")

"Dhaqdhaqaaqaa fallaagada ah ee Iran gacan saarka la leh ayaa dagaal kula jira xukuumadda Yemen iyo **isbahaysiga** Sucuudigu hogaaminayo."
*"The Iranian-backed rebel movement is at war with the government of Yemen and the Saudi-led **alliance**."*

"Dibadbaxyada ayaa bilowday kaddib markii **isbahaysiga** mucaaradka uu diiday tanaasulaad uu soo bandhigay Madax-weyne Keita oo uu ku doonayay inuu ku soo afjaro khilaafka siyaasadeed ee salka ku haya sharciga doorashooyinka..."
*"The demonstrations began after the opposition **coalition** rejected the compromises offered by President Keita seeking to break the polit-ical dispute over the electoral law..."*

Exercise 50 - Translate the following sentence:

"**Isbahaysiga** hadda talada haya[25] ee Jubilee ayaa waxaa u shar-axan madaxweyne Uhuru Kenyatta iyo ku xigeenkiisa William Ruto, waxayna markale doonayaan in xilka loo doorto."

Is afgarad - "understanding"

(is + afgarad; "to understand [someone's] purpose")

"Waxaa kaloo Jabuuti ka bilaabanaya ayna Madaxda Soomaaliya Saxiixayaan Heshiis **Is afgarad** cusub oo wadada u xaaraya in si tartiib tartiib ah ay Soomaaliland u hesho 10 sano oo Dowladnimo tijaabo ah..."
*"Beginning in Djibouti, Somali leaders are signing a new memorandum of **understanding** which paves the way for Somaliland to gradually attain its 10 years of probationary governance..."*

"Raysal wasaaraha Itoobiya ayaa ku dadaalaya in Wadahad[26] iyo **is afgarad** lagu dhameeyo Kiska Bada ee dhex yaal Muqdisho iyo Nairobi."
*"The Prime Minister of Ethiopia is pushing for an end, via dialogue and **understanding**, to the ocean dispute between Mogadishu and Nairobi."*

<u>Exercise 51 - Complete the translation of the following sentence:</u>

"Sidoo kale Wasiir ku xigeenka Warfaafin Soomaaliya ayaa sheegay in Goluhu ay meelmariyeen siyaasadda deegaanka, heshiis dhexmaray Wasaaradda Waxbarashada iyo UNESCO iyo is afgarad dhexmaray Wasaaradda ganacsiga iyo Wasaaradda Maalgashiga Masar."
"Also, the Somali Deputy Minister of Information said that the council implemented an environmental policy,
____ *"*

Is leeyahay - "to ask (oneself), tell (oneself), think"
(is + leeyahay; "to say" [in this context])

"Waxaa is waydiin mudan waa ayo cida uu **is leeyahay** Madaxweynuhu waad siri kartaa, mar haddii inta siyaasadda ku hawlan iyo inta falanqeysaba ay si fudud u fahmi karaan farriinta is burrinaysa ee baaqa ka daba tuurka ah ee Madaxtooyada?"
*"The question is, who is it that the President is **telling himself**, 'You can fool him', given that those who work in politics and analysts can easily understand the contradictory message of the presidency?"*

"Hadaba, waxaan ka xumahay in dad **aan is leeyahay** waxay neceb yihiin horumarka ama aan filayo in ay dan gaar ah leeyihiin ay bulshada warar been ah ka dhex wadaan."

*"Then, I am sorry that people whom **I think** hate development, or who I expect have special interests, are spreading false news in society."*

Exercise 52 - Translate the following sentence. When someone is quoted as thinking to themselves, identify whether the quoted words are in first or second person and if this is consistent with the first example sentence for this word:

"'Meel toos ah aan idin sheegi karo inay u barakacayaan ma jirto, laakiin nin walba wuxuu u cararayaa meesha uu is leeyahay waad ku badbaadi kartaa.' Ayuu yiri Daahir Aadan."

Is casilay - "resign"

(is + casilay; "to remove someone who held a position")

"Dalka Lubnaan ayaanan lahayn wax Ra'iisul Wasaare tan iyo bishii October markaas uu **is casilay** Ra'iisul Wasaarihii hore ee Sacad al-Xariiri."

*"Lebanon has not had a **Prime Minister** since October when the previous PM, Sa'ad al-Hariiri, resigned."*

"Gaashaanle Sare Barkhad Cabdullaahi Yuusuf oo ah Taliyaha **is Casilay** ayaa la xaqiijiyay inuu warqadiisa is casilaada uu u gudbiyay Madaxweynaha Puntland Saciid Cabdullaahi Deni oo ku sugan Magaalada Qardho."

*"Colonel Barkhad Cabdullahi Yuusuf, the commander who **resigned**, has been confirmed to have submitted his resignation letter to Puntland President Saciid Cabdullaahi Deni in Qardho."*

Exercise 53- Translate the following sentence:

"Xildhibaanka **is casilay** ayaa ka mid ah xubnaha baarlamaanka Puntland kasoo gala Gobolka Bari."

Is dhexgalka - "integration, gathering"
(is + dhexgal, from dhex; "middle" + gal; "enter")

"Shir looga hadlaayay **is dhexgalka** Booliska iyo shacabka ayaa waxaa lagu qabtay magaalada Garoowe ee caasimada dowladda Puntland."
"A meeting to discuss integration between the police and the public was held in Garoowe, the capital of the Puntland government."

"Shan ka mida Soomaalida dadlka Sweden ugu geeriyootay waxay ku noolaayeen degaanka Järva, ee Waqooyiga magaalada Stockholm, iyadoo ay xaalada uga sii dartay Soomaalida oo **is dhexgalkoodu** badan yahay, wax taxadar ahna aan ka muujin cudurka, taasoo ah sababta degdegga ugu faafay goobaha ay ku nool yihiin."
*"Five Somali-Swedish who died lived in the Järva district, north of Stockholm, as the situation worsened with Somalis frequently **gathering** and not showing concern for the virus, which is why it spread quickly in places where they live."*

<u>Exercise 54 - Complete the translation of the following sentence:</u>

"Waxaa kale oo iyana ahayd dhacdo xusid mudan in 22 June 2020 dawlada jabuuti soo saartay warmurtiyeed xambaarsan qodobadii lagu heshiiyey oo uu ka dhexmuuqdo qodobka **is dhexgalka** ee waftiga Somaliland markii hore daboolka ka saareen[27] shacabka Somaliland."
"It was also notable that on 22 June 2020, the government of Djibouti issued a statement containing the agreed terms which appear in the article of ________________________________."

Is khilaafsan - "conflicting"
(is + khilaafsan; from the Arabic for "violate, contradict")

"**Warar is-khilaafsan** oo laga werinayo xaaladda caafimaad ee Kim Jong Un."

*"**Conflicting reports** are coming out concerning the health of Kim Jong Un."*

"Ciidamada dawlada ee ku sugnaa gudaha Magaalada ayaa iyaggu ku baxay, Warar **is khilaafsan** ayaana kasoo baxaya haka ay hadda ku sugan yihiin ciidama malayshiyaadka ah."

*"Government forces stationed inside the city have left, and **conflicting reports** are emerging about the current whereabouts of the militia."*

<u>Exercise 55 - Translate the following sentence:</u>

"Marka hore dastuurka Puntland iyo qaab dhismeedka Golaha awoodda fulinta iyo Golaha sharci dejintu waa mid **is khilaafsan**."

LA

"La" is a pronoun literally meaning "one", in the sense of "One always washes one's hands before eating". It is used in this sense to indicate passive voice (i.e. "the door was opened"). It is also a preposition used to mean "with" (as in "I came with my friend").

La mid ah - "the same as"

(la; "with" + mid; "one" + ah; "is")

"Wixii intaa ka dambeeyeyna 36 qof ayaa dacwado kuwaas **la mid ah** lagu soo oogay iyada oo 14 ajaaniib ahna lagu soo eede-eyey fal la xidhiidha basaasnimo."
*"Since then, 36 people were charged in cases **the same as** those, 14 of them foreigners accused of actions connected to spying."*

"Waxaan dalab ka helnay Soomaaliya. Waxay yiraahdeen: "Waxaan saliid ku leenahay biyaheena. Waxaadna ka sameyn kartaa howlgal **la mid ah** kan Liibiya, arintaas aad ayay muhiim inoogu tahay," Madaxweynaha Turkey Recep Tayyip Erdoğan ayaa xiligaas sidaas sheegay."
*"'We received a request from Somalia. They said: "We have oil in our waters. You can do **the same** operation there as the one in Libya; the matter is very important to us",' said Turkish President Recep Tayyip at the time."*

Exercise 56 - Translate the following sentence:

"Twitter ayaa lagu soo daray adeeg muuqaal ah oo ay macaamiisha ay muuqaaladooda si toos ah kula wadaagi karaan dadka ku xiran, si la mid ah Facebook iyo YouTube."

(ayaa) waxaa la sheegay - "it is said, was reportedly"

(ayaa; focus on preceding noun + waxaa; separate focus on following noun/object + la; passive voice particle + sheegay; "said")

"Gabadhaan oo lagu Magacaabi jiray Xamdi Cabdulaahi **ayaa waxaa la sheegay** in Xaafada Warshada Caanaha ee Magaalada Muqdisho uu ku dilay askari ka tirsan Ciidamada Dowladda Soomaaliya."

*"This girl, named Xamdi Cabdulaahi, **was reportedly** killed by a Somali Federal Government soldier in the Milk Factory district of Mogadishu."*

"Sannadkii 2006, **waxaa la sheegay** in Sulaymaani uu ku dhintay diyaarad ku burburtay waqooyiga galbeed ee dalka Iran. Sidoo kale sanadkii 2012 waxaa lasoo wariyay in uu ku dhintay qarax ka dhacay caasimadda Suuriya ee Dimishiq..."

*"In 2006, **it was said** that Soleimani died in a plane crash in northwestern Iran. Also in 2012, it was reported that he died in an explosion in the Syrian capital of Damascus..."*

<u>Exercise 57 - Complete the translation of the following</u> <u>sentence:</u>

"Intii dagaalka uu socday **ayaa waxaa la sheegay** inay bar bar socotay duqeyn diyaaradeed oo laba gantaal ayaa la sheegay inay ku dhaceen xaafado ka mid ah Magaalada Awdheegle gudaheeda."

"During the fighting, there were reports of airstrikes and ________________________________."

La soo dhaafay - "in the last/ past (hours, years, etc.)"

(La; passive + soo dhaafay; "passed")

"Ilhan Cumar ayaa intaas ku dartay 'Deyn khafiifintani waa tallaabo weyn oo xaqiijinaysa horumarka wanaagsan ee Somalia ay sameysay **dhowrkii sano ee la soo dhaafay.**'"

"Ilhan Omar added, 'This debt relief package is a major milestone that validates the incredible progress that Somalia has made in the

past several years[28].'"

"**Soddonkii sano ee la soo dhaafay** ayaan darro ka weyn sooma marin Soomaaliya in kursigii dalka ugu sarreeyey ee madax-tooyada fidno, qas iyo qalaalase si ula kac ah loogu abaabulo, xukuumaddii iyo Baarlamaankiina ay noqdaan awood aan wax dheeli tiri karin."

*"In **the past 30 years**, no greater misfortune has befallen Somalia where the highest seat of the country, the Presidency, is deliberately managed with dissent, chaos and disorder, and the government and parliament fall out of balance against it."*

"Waxaa **saddexdii maalmood ee la soo dhaafay** deganeyd xaaladda Degmada Afgooye ee Gobolka Shabellaha Hoose, ka dib weerarkii ballaarnaa ay Shabaabku ku galeen Talaadadii."

*"The situation in the Afgooye district of Lower Shabelle region has been calm for the **past three days** after a major attack by al-Shabaab on Tuesday."*

Exercise 58 - Complete the translation of the following sentence:

"Dhowrkii sano ee **la soo dhaafay** ayaa Masaajidda Kenya waxay hirgeliyeen qaabab kala duwan oo dadku ay ku ilaashan karaan kabahooda xiliyada ay cibaadeeysanayaan, waxaana tallaa-booyinka la qaaday ka mid ah Sanaadiiq kabaha lagu ilaashado iyo kamarooyiin laga la socdo dhaqdhaqaa misaajidka."

"________________________________, Kenyan mosques have implemented various ways for people to ________________________________, and one of the steps that has been taken includes boxes ________________________ and cameras to monitor activity in the mosque."

(oo) warbaahinta la hadlay - "speaking/ spoke to the media"

(warbaahinta; "media" + la; "with" + hadlay; "spoke")

"Duqa Magaalada New York, Bill de Blasio **oo Warbaahinta la**

hadlay, ayaa waxa uu weerarkaasi ku sheegay isku day weerar argagixiso, isagoo intaa ku daray in falkaasi loo hayo hal nin."
*"New York City mayor Bill de Blasio, **speaking to the media**, called the attack an attempted terrorist attack, adding that one man was in custody for the act."*

"Danjiraha Dowladda Ingiriiska ee Soomaaliya Ben Fender OBE oo isna **warbaahinta la hadlay** ayaa sheegay in Madaxweyne Deni ay ka wada hadleen sidii Doorashada Soomaaliya ugu dhici laheyd wakhtigeeda."
*"British Ambassador to Somalia, Ben Fender OBE[29] who also **spoke to the media** said that he discussed with President Deni how the Somali elections might be held on time."*

<u>Exercise 59 - Translate the following sentence and identify the purpose of the operation that was mentioned:</u>

"Taliyaha guud ee ciidamada dowlad goboleedka Jubaland Gen. Aadan Maxamuud Ibraahim **oo warbaahinta la hadlay** ayaa sheegay in Jubaland ay diyaarisay hawlgal ballaaran oo Al-Shabaab looga xoraynayo gobolka Jubada Dhexe. "

Wararka la helayo - "reports (that were received)"
(wararka; "reports" + la; passive + helayo; "received")

"Inkastoo aan si rasmi ah loo ogeyn khasaaraha dhabta ah ee ka dhashay dagaalka ayaa haddana **wararka la helayo** waxay sheegayaan in uu jiro khasaaro naf iyo maalba leh."
*"Although the actual losses resulting from the battle are not officially known, **reports** indicate that there are losses of life and property."*

"Wasiirka Wasaaradda Arrimaha dibadda ee Xukuumadda Axmed ciise Cawad ayaa horkacaya Xubnaha Golaha Wasiirada Soomaaliya,waxaana **wararka la helayo** ay sheegayaan in kulanka labada dhinac uu dhaliyey isku soo dhawaansho ee Madaxda Puntland iyo Golaha Wasiirada Soomaaliya."
*"The government's Minister of Foreign Affairs, Axmed Ciise Cawad, is leading members of the Somali cabinet, and **reports** are stating that*

*the bilateral meeting has resulted in a harmonization between Punt-
land officials and the Somali cabinet."*

<u>Exercise 60 - Translate the following sentence:</u>

"Wararka la helayo ayaa waxaa ay sheegayaan in munaasabad
kooban Magaalada Dhuusamareeb dhawaan lagu qaban doon-
o,taas oo uu xilka kula wareegayo Madaxweynaha Cusub ee Gal-
mudug."

KALE

  "Kale", on its own, means "other" or sometimes "more". However, in some of the examples below, we'll explore the different meaning it takes on when the "oo" particle is added in front of it.

Oo kale - "(such) as", "other", "more"

(oo + kale; often [but not always] seen in "sidoo kale")

"Sideen u gaajoon karnaa inagoo heysana kheyraadka **noocaan oo kale ah**? ,Waa in aan ka faa'iideysanaa nimcadaan dhulkeena dhex ceegaagta. kaluumeysigu waa qeyb ka mid ah wax soosaarka ugu muhiimsan dalkeena, una baahan maalgalin iyo horumarin."

*"How can we be hungry when we have **such resources as these**? We must take advantage of this grace in our land among the dunes. Fishing is among our country's most important industries, and it needs investment and development."*

"Isaga iyo saddex qof **oo kale** ayaa la filayaa in la sii daayo, waxaana dhammaan magacyadooda lagu xusay warqad kasoo baxday xukuumadda Federaalka oo ku socotay maamulka xarunta karantiilka."

*"He and three **others** are expected to be released, and all of their names are listed in a letter from the federal government to the administration of the quarantine center."*

  Exercise 61 - In which of the below sentences would you understand "oo kale" to mean (such) as, and in which would it mean "other"? Why do you reach this conclusion?:

"Waxaana la sheegay in wariye Coldoon iyo labo wariye **oo kale** laga qabtay degmada Gaashaamo, waxaana xiray Ciidamada Liyuu Boolis, iyagoona ku wareejiyay Ciidanka Militariga Itoobiya."

"Sidii caadadada inoo ahayd maanta **oo kale** oo jimce ah waxeynu isku daynaa ineynu kuwada nasano is xasuusinta eebe iyo safarkeena aakhiro, arintaas oo inaga caawinaysa wanaajinta nolosheenan aduunka iyo aakhiradeenaba."

"Waxaa socdaalka ku wehliyey tiro intaas **oo kale** ah oo kalkaaliyeyaal ah, waxaana marka la isku daro lagu qiyaasay ilaa soddomeeyo inay gaarayaan."

Waxaa kale oo - "...also [+focus on following noun/object]..."
(waxaa; indicates focus on following noun/obj. + kale; "more" + oo)

"Khubarada caafimaadku **waxaa kale oo ay sheegeen** in xanuunada ay u dhintaan dadka lagu aaso magaalada ay si sahlan ku faafi karaan."
*"Health experts **also said** that diseases that killed people who are buried in the city can spread easily."*

"**Waxaa kale oo** iyagana soo baxay warar ku saabsan in markhaatiyaal la horgeyn doono markii ugu horraysay maxkamadda, halka qaar kalena 'ay diideen inay maxkamadda horteeda ku marag furaan Cabdi Maxamuud Cumar'."
*"Reports **also** emerged concerning witnesses will be brought before the court for the first time, while some others 'refused to testify in court against Cabdi Maxamuud Cumar.'"*

Exercise 62 - Complete the original Somali sentence based on the below translation:

"_________________ ay fursad u helayaan inay wax ku bartaan cusbitaalka Jaamacadda Gollis oo dhawaan la furi doono."
"Students will **also** have the opportunity to study at the Gollis University Hospital which will open soon."

Dhinaca kale / dhanka kale - "on the other hand"
(dhinaca; "the side" / dhanka; "the side" + kale)

"**Dhinaca kale** dagaaladii saaka ka qarxay Dhuusamareeb ayaa yara qaboobay duhurnimadii maanta, inkastoo rasaas goos goos ah weli laga maqlayo goobaha lagu dagaalamay saaka, welina faahfaahin lagama hayo khasaaraha ka dhashay dagaalkan."

*"**On the other hand**, the fighting that broke out in Dhuusamareeb has calmed slightly this afternoon, although intermittent gunfire can still be heard in the places where fighting took place this morning. There are still no details about casualties resulting from this battle."*

"Inkastoo Taiwan ay isu aragto dal madaxbannaan oo dhaqaalo ahaanna isku filnaaday, ayaa **dhanka kale** Shiinaha waxa uu tilmaamaa inay kamid tahay dhulkiisa, isla markaana uu maalin uun qabsan doono xitaa haddii ay noqoto qaab muquunin ah."

*"While Taiwan sees itself as an independent country and economically self-sufficient, China **on the other hand** regards it as part of their territory, and that they will take it over it one day, even if violently."*

Exercise 63 - Complete the Somali sentence below based on its translation:

"Madaxweynaha Turkiga Racep Tayyib Erdogan ayaa sheegay in dalkiisa uu cunaqabatayn kusoo rogi doono badeecooyinka elektronica ah ee Maraykanka. '____________________, __________________' ayuu yiri Erdigan oo ka hadlaya shirkadda Apple ee Maraykanka iyo tan tartanka uu kala dhaxeeyo ee Kuuriyada Koonfureed."

*"Turkish President Recep Tayyip Erdogan said that his country will embargo US electronic products. 'If they have an iPhone, **on the other side** there is Samsung,' said Erdogan, referring to the American company Apple and its South Korean competitor."*

Mar kale - "Again, another time"

(mar; "time" + kale)

"Shirkadda barta bulshada ee Twitter ayaa **mar kale** hawada ka saartay qoraal uu soo dhigay madaxweynaha dalka Mareykanka."

*"The social media company Twitter has **again** removed a post made by the US president."*

"Sida ay sheegayaan wararka inaga soo gaaraya Magaalada Boosaaso ee xarunta Gobolka Bari, qarax ayaa saaka **mar kale** waxa uu ka dhacay Magaalada gudaheeda."

*"According to reports that are reaching us from Boosaaso, capital of Bari region, an explosion **once again** happened in the city this morning."*

<u>Exercise 64 - Translate the following sentence:</u>

"Wasiirku wuxuu mar kale ku celiyay in loo baahan yahay in dhallinyarada Shabaab xubnaha ka ah, hadday ka tanaasulaan fikirkas cafinayo dib laguu abuuri doono nolol anfacda."

Haddii kale - "Otherwise"

(haddii; "if" + kale)

"Sheikh Cali Maxamuud Raage (Cali Dheere) oo jeediyay kalmad ku aadan ciidul Fitriga ayaa sheegay iney muhiim tahay in Mareynkanka uu faraha kala baxo arrimaha Soomaaliya **haddii kalen** cashar kulul uu waligiis ka sheekeyn doono u dhigi doonaan,sida uu hadalka u dhigay."

*"Sheikh Cali Maxamuud Raage (Cali Dheere), delivering an Eid-ul-Fitr address, said that it was important for the US to stay out of Somalia's affairs and **otherwise**, they will be taught a hard lesson they will never forget, as he put it."*

"Dhegoculeyska yar iyo dhexe ee xanuun ama gaboowgu keeno waa kuwo wax laga qaban karo. Qeyb ahaan waa la daaweeyaa **haddii kale** qalab lagu xidho dhegaha ayaa ka caawiya maqalka."

*"Mild and moderate deafness caused by illness or old age is something that can be addressed. It can be partially treated and **otherwise** devices attached to the ears help with hearing."*

<u>Exercise 65 - What do you think the minister means by "haddii kale ha isku tashadaan" in the below sentences? Do in-</u>

<u>dependent research for more context on the dispute as necessary:</u>

"Hadalka Wasiirka ayaa dab ku shiday khilaafka waxbarashada ee ka dhexeeya dowladda federalka Soomaaliya iyo Puntland ka dib markii uu fashilmay wadahadallo ay waddeen xubno ka mid ah Aqalka Sare. 'Puntland waa inay ummadda Soomaaliyeed la mid noqotaa oo imtixaanka la galaan oo shahaadada la qaataan, haddii kale ha isku tashadaan.' Ayuu yiri wasiir Goodax Barre."

SI

"Si" as an individual word means "way" or "manner"[30], but it is capable of expressing a variety of ideas. "Si" often shows up in adverbial phrases (i.e. replacing words that end in -ly).

Si kastaba ha ahaatee - "however", "in any event"

(si; "way" + kasta; "any" + -ba; suffix meaning "at all" or "each" + ha ahaatee[31])

"Si kastaba ha ahaatee, Mansa Musa ayaa dhaxlay boqortooyadii uu ka tagay walaalkiis. Markii uu xukunka la wareegay waxaa si weyn u ballaartay xukunkii boqortooyada waxaana la helay kheyraad faro badan oo dahab ah."
"However, Mansa Musa inherited the kingdom from his brother. When he took power, the rule of the kingdom greatly expanded and vast gold resources were found."

"Sida maanta, ma jirto degmo ay gaareen Purple Alert Level 4, **si kastaba ha ahaatee**, Degmada Franklin waxay ku soo dhowda-hay heerkan ugu sareeya."
*"As of today, there are no counties that have reached Purple Alert Level 4, **however**, Franklin County is nearing this peak."*

Exercise 66 - Complete the translation of the following sentence:

"Kooxdii ugu horeeysay waxay ahayd Kooxda Balwo oo uu sameeyay Cabdi Sinimo. Si kastaba ha ahaatee sanadihii ka dambeeyay Madaxbanaanidii Soomaaliya waxaa sameeysmay kooxo dhowr ah."
"The first group was the Balwo group, _______________________.
_______________________, several groups were formed."

Si deg deg ah - "quickly"

(si + deg deg; "quick, emergency, sudden" + ah; "is")

"Taliska Booliska Koonfur Galbeed, ayaa toddobaadkii hore soo saaray awaamiir ah in **si deg deg ahi**, ay isu soo diiwaangeliyan xaasaska dagaal-yahanada Ururka Al Shabaab."
*"Last week, the South West Police commander issued orders for the **immediate** registration of the wives of al-Shabaab fighters."*

"Madaxweynaha Galmudug, ayaa sheegay in maamulkiisu ka shaqayn doono sidii deegaanka u heli lahaa adeegyada mu-hiimka ah, isagoo balan qaaday in **si deg deg ah** loo howl-gelin doono matoorkii Biyaha siin jiray magaalada."
*"The president of Galmudug said that his administration will work to provide essential services in the region, promising to **quickly** put the city's water pump into operation."*

<u>Exercise 67 - Translate the following sentence:</u>

"Sidoo kale Xaaf ayaa ku baaqay in **si Deg deg ah** loo joojiyo dagaalkii ka dhacay deegaanka Qalanqal, kaasi oo u dhexeeyay laba Maleeshiyo beeleed oo halkaas wada-dega."

Si la mid ah - "like, similarly, the same (way) as"
(si + la; "with" + mid; "one" + ah; "is")

"Ganacsato Somaliyeed ayaa **si la mid ah** dadka u dhashey dala-lka kale ee Africa, ayagana ku hanti beelay dalka Koonfur Africa oo 2 dii cishoo lasoo dhaafay rabshadaha jira awgeed lagu bartil-maameedsadey."
*"Somali traders, **similarly** to those from other countries in Africa, have been targeted in South Africa and have lost property as a result of ongoing violence over the past two days."*

"**Si la mid ah**, waxaad wicitaanno muuqaal ka sameyn kartaa app-yada sida Facetime, Skype ama WhatsApp."
*"**Similarly**, you can make video calls from apps like Facetime, Skype or WhatsApp."*

<u>Exercise 68 - Translate the following sentence:</u>

"Eritrea waxaa ay sheegtay in ujeedka CIA ahaa in xukuumadda dalkaasi loo tuuro **si la mid ah** tii lagu riday madaxweynihii Libya Mucamar Al-qadaafi."

Si rasmi ah - "officially"

(si + rasmi; "official" + ah; "is")

"Howlgalka Jabuuti ee Qaramada Midoobey ayaa sheegay in 5ta Bisha December ay **si rasmi ah** ugu dhawaaqayaan musharraxn-imadooda iyaga oo caalamka ka codsaday in lagu taageero kur-siga oo uu tartan adag kala dhaxeeyo dowladda Kenya."
"Djibouti's Mission to the United Nations has said that they will offi-cially announce their candidacy on December 5th, appealing to the international community to support them for the seat, over which they are in a strong competition with Kenya."

"Isbitaalka Digfeer ee magaalada Muqdisho oo dayac-tir ay ku sameysay hay'adda horumarinta Turkiga ee TIKA ayaa maanta **si rasmi ah** xarigga looga jaray furay, iyadoo uu xarigga ka jaray wasiirka caafimaadka dalka Turkiga, Mehmet Muezzinoglu."
*"Digfeer Hospital in the city of Mogadishu, having been renovated by the Turkish development organization TIKA, **officially** opened today, with the ribbon cutting done by the Turkish Minister of Health, Mehmet Muezzinoglu."*

<u>Exercise 69 - What has Eng. Maxamuud announced? What significance does the phrase "Efficiency and Transpar-ency" have in the below context?:</u>

"Eng. Maxamuud Khaliif Xassan ayaa **si rasmi ah** ugu dhawaaqey in uu u tartamayo doorashada xilka madaxweynaha Puntland ee ka dhici doonta magaalada Garoowe bisha Janaayo siddee-deeda sanadka 2019-ka; isaga oo halku-dhegga ololaha doo-rashadiisa ku magacaabay 'Karti iyo Hufnaan'."

Si gaar ah - "especially, specifically"

(si + gaar; "special" + ah; "is")

"Wararka aynu ka helnay Villa Somalia ayaa sheegaya in kulankan **si gaar ah** loogu falanqeeyay arimaha doorashadda iyo go'aanka dowladda ee warkii kasoo baxay gudiga qaran ee doorashooyinka."

*"Reports we received from Villa Somalia say that this meeting **especially** focused on election issues and the government's decision on the National Elections Commission report."*

"Nikaan ayaana Facebooka kusoo gali jiray magaca Laandheere Nin Weyn,isagoo **si gaar ah** usheegi jiray inuu Taageero u hayo Maamulada Galmudug iyo Soomaaliland."

*"This man used to use Facebook under the name Laandheere Nin Weyn, **specifically** stating he supported the administrations of Galmudug and Somaliland."*

<u>Exercise 70 - Complete the translation of the following sentence:</u>

"Taliska Booliiska Puntland, ayaa si gaar ah loogu amray in uu tallaabo sharciga waafaqsan ka qaado, cid kasta oo lagu qabto dhoofinta Birta, Maarta iyo Macdanta, si loo dhaqan-geliyo amarka madaxweynaha Puntland."

"
____

anyone caught exporting iron, copper and minerals, in order to carry out the order of the President of Puntland."

Si heer sare ah - "(at a) high level"

(si + heer; "level" + sare; "high" + ah; "is")

"Jaaliyadda Soomaali-American Center ee Magaaladda Atlanta ayaa **si heer sare ah** u abaabushay Xaflad qalin jabin ah oo lagu qabtay Magaaladda Atlanta ee Cariga Mareykanka,xafladaas oo ka soo qeyb galkeeda aan loo kala harin[32]..."

*"The Somali-American Community Center in Atlanta organized a **high-level** graduation ceremony held in Atlanta in the US, which was well attended..."*

"Wafdi uu Hogaaminayo Madaxweynaha Dowladda Hirshabelle oo Gaaray magaalada Dhuusa Mareeb ayaa **si heer Sare ah** loogu soo dhoweeyay Garoonka Diyaaradaha Magaaladaasi."
*"A delegation led by the President of the Hirshabelle government arrived in Dhuusa Mareeb and was welcomed **at a high level** at that city's airport."*

<u>Exercise 71 - Translate the following sentence:</u>

"Madaxweynaha Galmudug ay wehliyaan masuuliyiin kale oo katirsan maamulkaasi ayaa maanta qado sharaf **si heer sare ah** loo soo agaasimay waxaa loogu sameeyay Degmada Balanbale ee gobolka Galgaduud halkaas ay ku tageen safar shaqo."

Sida laga soo xigtay - "according to, as was quoted"

(sida; "the way" + laga; particle/preposition cluster indicating passive voice + soo xigtay; "quoted", from xig; "to follow after")

"**Sida laga soo xigtay** taariikhyahankii qarnigii 14-aad ee lagu magacaabi jiray Shibab al-Umari, oo u dhashay Suuriya, Abu-Bakr wuxuu jecleystay inuu soo ogaado waxa ka dambeeya bad-weynta Atlantic."
*"**According to** the 14th century Syria-born historian Shihab al-Umari, Abu-Bakr wanted to know what was beyond the Atlantic Ocean."*

"Saldhigga milatariga Mareykanka ee Jabuuti ayaa xayiraad lagu soo rogayaa kaddib markii laga helay kiiskii labaad oo cudurka korona fayras ah, **sida laga soo xigtay** wargeys wax ka qora arri-maha milatariga Mareykanka."
*"The US military base in Djibouti is going on lockdown following the discovery of a second case of Coronavirus, **according to** a newspaper that writes about US military matters."*

<u>Exercise 72 - In the context of the below sentence, what is likely to happen next to the men Adanech Abeibe mentions?:</u>

"**Sida laga soo xigtay** xeer ilaaliyaha federaalka ee Itoobiya

Adanech Abeibe waxay sheegtay in raggan looga shakiyay dilka fanaanka ay qirteen dambiga ay galeen."

Sida uu hadalka u dhigay - "as he put it, in his words"

(sida + uu; "he" + hadalka; "speech, talk" + u dhig; "put (in)")

"Guddoomiyihii hore ee maamulka degmada Beledweyne, Maxamed Cabdi Qalaafow ayaa sheegay in gargaarka loogu tala-galay fatahaada webiga Shabelle ay gacanta ugu jirto shaqsiyaad gaar ah oo ganacsato ah, **sida uu hadalka u dhigay**."
*"Former Beledweyne district commissioner, Maxamed Cabdi Qalaa-fow, said that aid intended for Shabelle river flooding was in the hands of private individuals and businessmen, **as he put it**."*

"Cabdiraxmaan Cabdishakuur ayaa isaga oo ka hadlaya xu-quuqda haweenka sheegay – waa **sida uu hadalka u dhigaye** – in dad badan oo culimada ka mid ah ay jeebka kala soo baxaan 'xadiisyo faalso ah' markii ay rabaan inay dumarka xaqiraan."
*"Cabdiraxmaan Cabdishakuur, speaking about women's rights, said -- **as he put it** -- that many religious scholars pulled 'fake Hadiths' out of their pocket whenever they want to discriminate against women."*

<u>Exercise 73 - Given how redundant this phrase may seem (we know that's how he put it since the writer is quoting him), what do you think a writer's purpose would be for including it in their article? Find other examples of this phrase being used and see if they fit your theory.</u>

Sida aan wararka ku helnay - "according to reports"

(sida + aan; "we" + wararka; "the reports" + ku helnay; "we found/re-ceived in")

"**Sida aan wararka ku helnay** 20-ergo oo taageersanaa mid kamid ah labada Musharax ee doorashada ku tartamayay ayaa isaga baxay hoolka doorashada, waxa ayna arintaas sabab u noqotay in doorashada dib loo dhigo maadaama uusan kooramka buuxin."

*"**According to reports**, 20 delegates who supported one of the two election candidates left the election hall, and this caused the post-ponement of the election due to lack of quorum."*

"Qaraxa oo ahaa miino dhulka lagu aasay ayaa **sida aan wararka ku helnay** ka dhacay jid cadde aagaasi kuyaala, waxaana qaraxaan lala eegtay gaari nuuciisa lagu sheegay Hilux ciidan la socday oo halkaasi marayay."

*"The blast, which was a landmine, occurred on a dirt road in the area **according to reports**, and this explosion targeted a Hilux-type vehicle accompanied by soldiers which was passing by."*

<u>Exercise 74 - Translate the following sentence:</u>

"**Sida aan wararka ku helnay** Wasiirka amniga iyo agaasimaha hada la bedelay ee Axmed Cabdi Kooshin ayaa isku fahmi waayay sida ay u socoto shaqada Wasaarada, waxa uuna Wasiirka Amniga go'aansaday in uu shaqada ka fariisiyo agaasimahaasi."

Sidaas darteed - "therefore, because of that, for that reason"

(sida; "way" + -aas; suffix meaning "that" + dar; "reason" + -teed; "its/hers")

"Wuxuu tusaale ahaan usoo qaatay in isbitaalkii laga dhisay Beijing uu dhismihiisa ku idlaaday 7 maalmood gudahood, **sidaas darteedna** kooxda dhismaha wadda ay damacsan yihiin inay wakhtigii horay loo asteeyay uga dhakhso bataan."

*"He took as an example the hospital that was built in Beijing and finished within 7 days, **therefore** the construction team hopes to move faster than scheduled."*

"Doorashada Soomaaliya ma qabsoomeyso waqtigii loogu talogalay. **Sidaas darteed**, waxaan u baahannahay 13 bilood gudahood oo ka bilaabaneysa July 2020-ka kuna dhamaaneysa August 2021-ka,' ayay Xaliimo Yarey ka sheegtay fadhiga baarla-maanka."

"*'Somalia's elections are not being held on time. **For that reason**, we need it to be within 13 months beginning July 2020 and ending August 2021,' said Xaliimo Yarey at a session of parliament.*"

<u>Exercise 75 - In the context of the below sentence, why is WhatsApp important and what is it being thanked for?:</u>

"Sida aan ognahay, WhatsApp waa mid ka mid ah kuwa ugu caansan baraha bulshada ee Soomaaliya laga isticmaalo. **Sidaas darteed**, waxaan u mahadcelinaynaa WhatsApp & Infobip doorka muhiimka ah ee ay ka qaateen dadaallada wacyigelinta bulshada ee aan ku xakamaynayno caabuqa Coronavirus."

INTA

"Inta" is a noun that can be translated a variety of ways, depending on context; among them "much" (as in "that much"), "while", "until" or "before" (in negative phrases).

Inta badan - "Usually, mostly, often"

(inta + badan; "many")

"Dalalka Carabta **intooda badan** ayaa dafiraa iney xiriir diblomaasi la leeyihiin Israel oo sharci darro ku haysata dhulka reer Falastiin."
*"**Most** Arab countries deny any diplomatic ties with Israel, which illegally occupies Palestinian land."*

"Xerada milatariga Turkiga ku leeyihiin magaalada Muqdisho ayaa **inta badan** lagu tababaraa saraakiisha iyo ciidanka kala duwan ee dowlada, waxaana xeradan ku xareesan dhalinyaro badan oo doonaya in ay kamid noqdaan ciidanka qalabka sida ee Soomaaliya."
*"The Turkish military base in Mogadishu **is often** used to train various government officers and soldiers, and there are many young people wanting to become part of the Somali armed forces."*

<u>Exercise 76 - Translate the following sentence:</u>

"Qaraxyada gaadiidka hoosta looga soo xiro ayaa mararka qaar ka dhaca magaalada Muqdisho, waxaana **inta badan** qaraxyada nuucaas ah lagu bartilmaameedsadaa wadaha gaariga lagu soo xiro."

Intaas ku daray - "(he) added to that"

(inta + -aas; suffix for "that" + ku; preposition for "to, on, by" + daray; from dar, "to add")

"Waxaa uu **intaas ku daray** in ciidamada ay la wareegeen

degaano cusub oo ay ka mid yihiin Malaayley, Janaale Gaay, Reerneeroow, Bandar Jadiid iyo sidoo kale degaanka Bengaani, oo qiyaastii 37 km ujirta Magaalada Kamsuuma."
*"He **added** that the troops had taken control of new areas, including Malaayley, Janaale Gaay, Reerneeroow, Bandar Jadiid and also Bengaani, approximately 37km from the city of Kamsuuma."*

"Waxay **intaa ku dartay** in ay qorsheeyeen in arooska ay ku bixiyaan lacag dhan \$20,000 islamarkana ay dad boqollaal dhan ak qeyb galaan."
*"She **added** that they planned to pay \$20,000 for the wedding and that hundreds of people would attend."*

<u>Exercise 77 - Translate the following sentence:</u>

"Waxaa uu **intaasi ku daray** in ay siidaayeen dad ku xirnaa deegaannada ay la wareegeen, kuwaasi oo markii horeba u xirnaa Al-shabaab"

Inta la xaqiijiyay - "(the amount) confirmed"

(inta + la; passive voice pronoun + xaqiijiyay; from xaqiiji, "to confirm" [related to xaqiiq, "true, real"])

"Wararka ayaa waxaa ay sheegayaan in weli deegaanka BALI-cad uu dagalka ka socda,isla markaana **inta la xaqiijiyey** ay ku geeriyoodeen laba ruux tiro intaasi ka badana ay ku dhaawacmeen."
*"Reports say that fighting is ongoing in the Balicad area, while it has been **confirmed** that two have been killed and many more were wounded."*

"Sidoo kale **Inta la xaqiijiyay** 8 ruux oo shacab ah ayaa ku dhaawacmay weerarkaasi kuwaasoo ku sugnaa Maqaayadd Bambadda lagu tuuray."
*"Also, it was **confirmed** that 8 civilians were injured in the attack, having been in the restaurant where the bomb was thrown."*

<u>Exercise 78 - What can you guess about the political alignment of the writer of the below sentence? Also, in what</u>

<u>sense are "inta" and "intaasi" used?:</u>

"...waxaana inta la xaqiijiyay kamiinadaasi lagu dilay shan askari oo ka tirsan maleeshiyaatka dowladda Ridada Federaalka iyadoona dhaawaca intaasi uu ka badan yahay."

Intii lagu jiray - "during"

(inta + ii; 'past tense' noun suffix + lagu; preposition cluster [la+ku] + jiray; from jir, "to be, to exist")

"Dhowr qarax oo waayen ayaa ruxay Baqadaad **intii lagu jiray** Janaasada General Suleymaani oo ku dhintay duqeyn Mareykanku ka geystay gegida diyaaradaha ee Baqadaad."
*"Several large explosions rocked Baghdad **during** the funeral of General Soleimani, killed in the American bombing at the Baghdad airport."*

Inta u dhaxeysa - "Between"

(inta + u; particle, often meaning "to" + dhaxeysa; from dhaxee, "to be in the middle, between")

"Waxaa goordhaw qarax nuuca miinada dhulka lagu aaso ah uu ka dhacay **inta u dhaxeysa** Isgoosyada Bakaaraha iyo Howlwadaag ee magaalada Muqdisho gaar ahaan agagaarka Masjidka Biimaalow."
*"There was recently a landmine explosion that occurred **between** the Bakara and Howlwadaag intersections in Mogadishu, specifically near the Biimaalow Mosque."*

"Marki uu qoray fartan waxay ehayd, **intii u dhaxaysay** 1920 ilaa 1922, laakiin nasiib darro, farta nuuaan ah bulshada oo dhan may gaarin. Markii hore waxa jiray muran ku saabsan farta ay yeeln doonto luqada soomaaligu. "
*"When he wrote this script, it was **between** 1920 and 1922, but unfortunately it did not reach the whole community. Initially, there was disagreement over the script the Somali language would use."*

<u>Exercise 79 - Translate the following sentence:</u>

"Dhererka Xeebta Gobolka Sh/Dhexe oo ah **inta u dhaxeysa** degaanka Ceel-Cade oo dhaca Waqooyiga Caasimada Muqdisho ilaa iyo Tuulada Ceel Bacad laguna qiyaaso masaafo ka badan 230km."

Ka hor inta / inta aan - "before" [with negative phrases]

(ka hor; "before" + inta / inta + aan; negative marker)

"Biyo-xireenkan ayaa laga dhisayaa meel qiyaastii 15 km u jirta xadka Sudan. Sudan iyo Masar ayaaa raadinaya heshiis sharci ah oo ay dalalkani kala saxiixdaan **ka hor inta aan** la buuxin biya-xireenka."

*"This dam is being built approximately 15km from the Sudanese border. Sudan and Egypt are seeking a legal agreement that they can ratify with these countries **before** the dam is filled."*

"Xeerarkii hore, shaqaaluhu waa inay xubin ka ahaadaan san-duuq 12 bilood **ka hor intaysan** helin caymiska, oo loo baahnaa inay shaqeeyaan ugu yaraan 80 saacadood bishiiba ugu yaraan lix bilood ka hor si ay ugu qalmaan."

*"Under the old rules, workers had to be members of the fund for 12 months **before** receiving insurance, which required them to work at least 80 hours monthly for the previous 6 months in order to qual-ify."*

Tan iyo inta - "until"

(tan; feminine form of "this" + iyo; "and" + inta)

"Xog la siinayey warbaahinta ayay dawladdu ku sheegtay in joo-jintani ay soconaysa **tan iyo inta** laga gaadhayo dhammaadka sannadkan, taas oo saamaynaysa ku dhawaad dad gaadhaya 525,000 oo qof."

*"In a statement to the press, the government said that this suspen-sion would continue from now **until** the end of the year, affecting as many as 525,000 people."*

Tan iyo intii - "since"

(tan; feminine form of "this" + iyo; "and" + inta + -ii, 'past tense' noun suffix)

"Madaxweynaha dawlad gobolleedka Jubbaland, Axmed Maxamed Islaam (Axmed Madoobe) ayaa markii ugu horaysay **tan iyo intii** uu soo ifbaxay khilaafka maamul kiisa iyo kan dawladda dhexe soo gaaray caasimadda Muqdisho."
*"The president of the Jubbaland state, Axmed Maxamed Islaam (Axmed Madoobe), arrived in the capital Mogadishu for the first time **since** the conflict between his administration and the central government erupted."*

Exercise 80 - Find more sentences containing ka hor inta, tan iyo inta and tan iyo intii, and see if you can find patterns in how they are built. Then, fill in the blanks with one each from ka hor inta, tan iyo inta, and tan iyo intii depending on where they fit best:

"Madaxweynaha ayaa safar dhulka ah oo boqolaal kiilo mitir ah galay markii ugu horeysay ___________ uu qabtay xilka madaxweynenimada Soomaaliya."

"Ra'iisal wasaare Cabdirashiid Cali Sharmaarke ayaa _________ aan laguda galin codbixinta wareegga 2aad shaaciyay inuu tanaasulay oo tartanka isaga haray."

"Xisbiga Wadani ayaa sheegay inay gabi ahaanba joojiyeen wadashaqayntii ay la samaynayeen gudiga doorashooyinka _________ laga saxayo cabashooyinka ay gudbiyeen."

AYAA OR *BAA*

"Ayaa", identical in meaning to "baa" but appearing much more frequently in our sample of media texts, is used to indicate focus within a sentence. "Ayaa" follows the noun it is directing focus towards. This kind of focus in English is more commonly achieved through inflection. Observe how "Cali ate the meat." can be translated into Somali both as:

"Cali hilib buu cunay." (i.e. '*Cali ate **the meat***' [and not the rice]) and as

"Cali baa cunay hilib." (i.e. "***Cali** ate the meat.*" [Cali and not Axmed])

ayaa la filayaa - "it is expected"

(ayaa + la; passive voice pronoun + filayaa; from fil, "to expect")

"Go'aanka kama dambeysta ah ee Soomaaliya **ayaa la filayaa** in IMF ay gaarto bisha March ee sanadkan dabayaaqadeeda, taasoo noqon doonto Guul weyn oo Somalia u soo hoyatay."
"***It is expected** for the IMF to reach its final decision on Somalia by the end of March of this year, which will be a major victory for Somalia.*"

"Dhammaadka bishan **ayaa la filayaa** in saddex cirbixiyeen oo kale loo duuliyo xarunta hawada sare si ay ugu biiraan cirbixiyeenada ku sugan haatan."
"*At the end of this month, **it is expected** for three other astronauts to be flown to the space station in order to join the astronauts currently there.*"

<u>Exercise 81 - Translate the following sentence:</u>

"Wada-hadallada wasiirada tamarta ee dalalkan **ayaa la filayaa** inay dib u billowdaan maanta."

ayaa tilmaamay in - "explained, indicated that"

(ayaa + tilmaamay; from tilmaan, "indicate, point out, explain")

"Saraakiisha **ayaa tilmaamay in** howlgaladda ay si gaar ah uga socdaan duleedka degaano la tuhunsan yahay in ay Al-Shabaab gacanta ku hayso."
*"The officers **pointed out that** the operations are specifically being conducted in the outskirts of districts suspected to be under al-Shabaab control."*

"Qaar ka mid ah Maxaabiista ku jirta xabsiga dhexe ee Xamar ayaa sheegay in xaalado bani'aadanimo ay ku haysato gudaha xabsigaasi. Maxaabiista aan la hadalnay **ayaa tilmaamay in** aysan jirin wax daryeel ah oo ay ka helaan maamulka xabsiga dhexe."
*"Some inmates at the central prison in Mogadishu said that they are facing a humanitarian situation in the prison. The prisoners we spoke to **indicated that** they did not receive any care from the administration of the central prison."*

<u>Exercise 82 - Complete the translation of the following</u> <u>sentence:</u>

"Muuse Biixi **ayaa tilmaamay in** ay Somalilanad leedahay xaduud uu sameeyay gumeystihii islamarkaasna looga baahanyahay dowladda Fedaraalka Soomaaliya iyo Puntland in ay ixtiraamaan Sohdinta Somaliland."
"
____
made by the colonizers, and it is required for the Somali Federal Government and Puntland to respect the Somaliland border."

aad ayaa u X - [used to intensify adverbial phrases]

(aad; "very" + ayaa + u; particle, often meaning "to")

"Tirada shacabka Beesha Cumar Maxamuud Saleebaan **aad ayay u korortay**."
*"The population of the Cumar Maxamuud Saleeban clan **has increased greatly**."*

"Cilmi baadhistan dunida ka socotaa **aad bay u xawli badan tahay**, hawl sannado qaadan lahayd ayaa lagu soo koobay bilo."
*"This research is proceeding **very rapidly** around the world, and a task that would take years was condensed to months."*

Exercise 83 - Translate the following sentence:

"Meerayaasha qaar, sida Dusaa ama Venus **aad ayuu u kulul** yahay maadaama qoraxda aad ugu dhow yahay."

ayaa X u sheegay - "told X" [where X is a noun]

(ayaa + X + u; particle, often meaning "to" + sheegay; from sheeg, "to tell")

"Booliska **ayaa warbaahinta u sheegay** in afartii ruux ee weerarka soo qaaday la dilay, lana hayo gaarigii ay weerarka u soo adeegsadeen."
*"Police **told the media** that the four attackers were killed, and the car they used was in custody."*

"'Waxyaabaha inaad diiradda saartaan la idin-kaga baahan yahay waxaa ka mid ah qaabka uu dastuurka cusub ee federaalka ah u shaqeynayo, awoodda uu siinayo dowladda dhexe iyo midda uu siinayo maamul goboleedyada dalkana,' **ayuu guddiga u sheegay** madaxweyne Sheekh Shariif."
*"'One of the things you need to focus on is the way the new federal constitution works, the power it gives to the central government and to the regional administrations in the country,' President Sheekh Shariif **told the committee**."*

Exercise 84 - Complete the following translation:

"wasiirka Cadaaladda KG[33] Maxamed Deeq Nuur Cabdi **ayaa wafdiga u sheegay** in wax badan ay ka qabteen baahiyihii Garsoor ee ka jirey KGS sidoo kalena ayku guuleysteen joojinta Dhulal sifo sharci daro ah lagu bixinayey."
"____
_ *that they have done much to address the needs of the judiciary in*

the South West State and likewise succeeded in stopping illegal land sales."

ayaa horey u - "previously"

(ayaa + horey; "ahead, previous" + u; particle, often meaning "to")

"Dowlada Itoobiya **ayaa horey u** sheegtay in bishan ay buuxineyso biyo xireenka , waxaana Itoobiya biyo xireenkan kasoo galaya dhaqaale badan halka Masar ka cabsi qabto in biyo xireenka saameyn ku yeesho Wabiga Niil oo shacabka Masar noloshooda ku tiirsan tahay."

*"The Ethiopian government **previously** said that they would fill the dam this month, and that this dam will generate significant revenue for Ethiopia, while Egypt fears that it will affect the Nile river upon which the Egyptian people depend for their livelihood."*

"Sheekh Shariif **ayaa horay u** tagay Garowe, isagoo Madaxweyne ahaa sanadkii 2012, waxaa la xusuustaa in xilligaas si weyn loogu soo dhoweeyay, isla markaana dhex lugeeyay wadada laamiga ah ee bartamaha magaalada."

*"Sheekh Shariif **previously** went to Garowe while he was president in 2012, and it is remembered that he was warmly welcomed at that time, as he walked among the paved roads in the center of the city."*

<u>Exercise 85 - Translate the following sentence:</u>

"Puntland **ayaa horay u** sheegay in uu ka qaybgali doono caleema saarka Madaxweyne Axmed Madoobe."

ayaa u baahan - "needs"

(ayaa + u; particle, often meaning "to" + baahan; "to need")

"Su'aasha ah sidee dib loogu celin karaa nadaafadda bilic ahaaneed ee Qubuuraha **ayaa u baahan** in loo helo jawaab loo midaysan yahay."

*"The question of how to restore the aesthetic of the cemetery **requires** a unified answer."*

"Guddiga **ayaa u baahan** in la horgeeyo kalfadhiga golaha wakiilada ee Puntland ka hor inta aysan iska dhex dooran guddoomiyahooda, sidoo kale Madaxweynaha ayaa isugu yeeri kara kalfadhi aan caadi ahayn oo lagu ansixinaayo."

*"The committee **needs** to be brought before the session of the Puntland House of Representatives prior to electing their chairman, and likewise the President can call a special session for it to be approved."*

<u>Exercise 86 - Complete the translation of the following sentence:</u>

"Dumarka xogtaasi doonaya **ayaa u baahan** oo kaliya in ay la yimaadaan aqoonsi rasmi ah iyo macluumaadka qofka ay doonayaan in ay guursadaan ee ay tahay in ay taariikhdiisa dib u baaraan."

"____ *to bring their official identification and the information of the person they wish to marry to have his background checked."*

ayaa si X u - [used to express adverbs]
(ayaa + si; "way" + X + u; particle, often meaning "to")

"Wasiirka Maaliyadda dowladda Federaalka Cabdiraxmaan Ducaale Beyle oo la hadlay wargeyska Washington Post, **ayaa si cad u** sheegay Soomaaliya ay xaalad cabsi leh ay ku jirto, taasina ay keentay in Shabaab ay awood ku yeeshaan magaaladda Muqdisho."

*"The Federal Government's Minister of Finance, Cabdiraxmaan Ducaale Beyle, speaking to the Washington Post, **clearly stated** that Somalia is in a state of panic, which was brought about by al-Shabaab's control of Mogadishu."*

"Uhuru Kenyatta Madaxweynaha dalka Kenya oo shir jaraaid ku qabtay Magaalada Nairobi ayaa **si faahfahsan u** sharaxay xaalada guud ee Dalka Kenya, halka ay marayso xaalada dadkii uu haleelay xanuunka Covid19, faafista cudurkaan iyo saamaynta uu u yeeshay ganacsiga iyo isu-socodka dadka reer Kenya."

*"Kenyan President Uhuru Kenyatta, holding a press conference in Nairobi, **explained in detail** the general situation in Kenya, covering the status of people infected by COVID-19, the spread of the disease, and the effect it had on commerce and movement of Kenyans."*

<u>Exercise 87 - Translate the following sentence:</u>

"Ciidamada Amaanka Jubaland ayaa **si wayn u** sugaya xarunta uu baarlamaanku ku shirayo, Xubnaha baarlamaanka ayaana lagu wargeliyay in ay fadhigga soo xadiraan."

ayaa tacsi u diray - "sent condolences"

(ayaa + tacsi; "condolence" + u; particle, often meaning "to" + diray; from dir, "to send")

"Ra'iisul Wasaaraha **ayaa tacsi u diray** umadda Soomaaliyeed gaar ahaan qoyskii uu ka geeriyooday Allaha u naxariistee Ra'iisulwasaarihii hore ee Soomaaliya, Mudane Nuur Xasan Xuseen, Nuur Cadde oo cudurkan ugu geeriyooday dalka ingiriiska"
*"The Prime Minister **sent condolences** to the Somali people, and especially to the family of the deceased, may God rest his soul, the former Prime Minister of Somalia, the Honorable Nuur Xasan Xuseen, Nuur Cadde, who died of this disease in England."*

"Madaxweynaha **ayaa tacsi u diray** ehelada iyo qaraabada dadkii ku geeriyooday falkii bahalnimada ahaa ee ka dhacay degmada Baraawe, isaga oo Alle uga baryaya dhaawacana in uu caafimaad degdeg ah siiyo."
*"The president **sent condolences** to the families and relatives of the people who were killed in the barbaric act that occurred in Baraawe district, praying to Allah for the quick recovery of those injured."*

<u>Exercise 88 - Commonly seen with condolences, "Innaa Lillaahi wa Innaa Ileyhi Raajicuun" is an Arabic-language religious phrase meaning "Verily we belong to Allah, and verily to Him do we return." Find other common Arabic words and phrases you've seen in Somali and try to learn more about them.</u>

WAXAA

Not to be confused with "waxa" (definite form of wax; "the thing"), "waxaa" is used to indicate focus on the information that follows it in a sentence, typically the direct object of a verb. It is occasionally presented with an added space after "wax", such as wax aa, wax uu, wax ay, wax aan or wax aad.

Wuxuu sheegay in - "He said that" *(waxay sheegtay, waxay sheegeen, etc.)*

(waxaa + uu; "he" pronoun + sheegay; from sheeg, "to tell" + in; "that")

"Turkiga **wuxuu sheegay inaysan** la tacaali karin tirada dadka ka cararaya dagaalka Siiriya."
*"Turkey **said that they** cannot deal with the number of people fleeing the war in Syria."*

"Shirkadda Greencom **waxay sheegtay iney** dooneyso iney isticmaasho teknooloojiyadda GTL oo gaaska dareere u baddalo kaddibna ay soo saarto Gaaska iyo Saliidda."
*"The Greencom company **says that it** wants to use the GTL technology to convert liquefied natural gas into gas and oil."*

<u>Exercise 89 - Translate the following sentence:</u>

"Mas'uuliyiinta **waxay sheegeen in** sababta loo furayo masaajidda iyo kaniisadaha ay yihiin in xaaladda ay haatan soo hagaagtay balse dadka ku cibaadeysanayo halkaas waa inay kala fogaadaan, oo ay xirtan afka iyo sanka iyo in nadaafadda ay ku dadalaan."

Waxaa la gudboon - "should"

(waxaa + la; passive voice prounoun + gudboon; "appropriate, fitting, suitable")

"'Dowladda **waxaa la gudboon** inay sii dayso Roobow isla markaasna loo oggolaado inuu dhex galo bulshadiisa', ay uu yidhi Mr Harting."

"*'The government **should** release Roobow and he should be allowed to integrate into his community,' said Mr. Harting.*"

"Dhinacyada ka aragti duwan DFS **waxaa la gudboon** inay muujiyan kaalintooda ku aadan hormarinta dalka, isla markaana xisaabta ay ku daran in dalka uu yahay dalkooda loona baahan yahay inay kala qaadan 'La ficiltanka dowlada iyo Hormarinta dalkooda'."

"*Those having a difference of opinion with the Somali Federal Government **should** show their support for the development of the country, and also take into account that this country is their country and they need to differentiate between 'competing with the government and the development of their country.'*"

<u>Exercise 90 - Complete the following translation:</u>

"Wixii hadda ka dambeeya Jubbaland waxa ay u jiheysanaysaa xoreynta deegaanada ka maqan ee ku jira gacanta Alshabaab, dadka deegaanada maqan Jubbaland ku eedeynayana **waxaa la gudboon** in ay dalka yimaadaan, xoreyntana ka qeybqaataan si toos ah iyo si dadbanba."

"*From now on, Jubbaland will move towards the liberation of its areas under the control of al-Shabaab, and those who live in these areas and who are accusing Jubbaland, ____.*"

Waxaan idin leeyahay - "I say to you all"

(waxaan + idin; pronoun for plural "you" + leeyahay; from leh, "to say")

"Walaalayaal dhamaantiin **waxaan idin leeyahay** Ramadaan Kariim, waxaan inyar kaga hadli doona bisha ramadaan ee ilaahay inugu faral yeelay inaynu soono."

"*Brothers and sisters, **I say to you all** Ramadan Kariim; I will talk a little bit about the month of Ramadan, in which God has commanded us to fast.*"

Waxaa haboon - "It is suitable/appropriate/right, should"

(waxaa + haboon; "suitable")

"**Waxaa haboon** in qofkastaa ka fikiro waa maxay dawladnimo? maka maarmaa dawladnimo? dadka dunidu maxay uwada dooneen uwada rabaan dawladnimada?"

*"Something everyone **should** think about is, what is government? Can you go without government? Why do people the world over all want government?"*

"**Waxaa haboon** in Soomaalida ay ku qancaan inaan ku dhaqano dastuurka KMG ah ee aan ku heshiiney..."

*"Somalis **should** accept that we are putting into practice the provisional constitution that we agreed on..."*

Waxaa intaas dheer - "beyond that, in addition"

(waxaa + intaas; "that much" + dheer; "extra")

"Shalay ayaa laga soo qaaday mid ka mid ah isbitaallada Muqdisho halkaas oo uu ku xanuunsaday. **Waxaa intaas dheer** in aanu dibadda ka iman ee uu ahaa qof magaalkada Muqdisho deggan."

*"Yesterday, he was taken from one of the hospitals in Mogadishu where he became ill. **Additionally**, he did not come from abroad, but was a resident of Mogadishu."*

"**Waxaa intaasi dheer** cunno wanaagsan lama siiyo, gogol ay ku seexdaan iskaba daayee hurdadii ayaaba loo diidaa. Waxaad is leedahay xabsiyada Gaalkacyo ma waxaa loo bedelay Guantanamo Bay?"

*"**Beyond that**, they are not given good food, much less beds, and they are denied sleep. You might wonder, have the prisons of Gaalkacyo been converted into Guantanamo Bay?"*

Waxaa la filayaa in - "It is expected that..."

(waxaa + la; passive voice pronoun + filayaa; from fil, "to expect")

"**Waxaa la filayaa** in Eritrea ay soo saaray warqado kashifaya sida Mareykanka iyo Israel ugu lug lahaayeen afgambi la doonayey in laga rido Asmara."
"Eritrea is expected to produce documents revealing the involvement of the US and Israel in a coup attempt in Asmara."

"Laba ka mid ah seddaxda qeyb ee farshaxanka ayaa la iibiyay, sida ay sheegtay Perrotin, oo ar laanta sida ku meelgaarka ah u maamuleysa farshaxankan. Midka ugu dambeeya **waxaa la filayaa** in $150,000 oo dollar lagu iibiyo."
"Two of the three pieces of art have been sold, according to Perrotin, which is the branch temporarily managing this artwork. The final piece is expected to sell for $150,000."

Exercise 91 - <u>Compare the above two sentences with the previous examples on "ayaa la filayaa". What differences can you observe about how the different sentences are built?</u>

Waxaa laga yaabaa - "It is possible"
(waxaa + laga; prepositions la+ka + yaabaa; from yaab, "to wonder")

"**Waxaa laga yaabaa** in dadka oo dhan aysan isku si u wada dareemin, balse mar kasta oo aan xeeb booqdo, waxaan dareemaa caafimaad maskaxeed iyo mid jir ahaaneed..."
"It is possible that not everyone feels the same way, but every time I visit the beach, I feel mentally and physically healthy..."

"Haddaba markii dib loogu soo laabto dunida runta ah, dhammaan taariikhahaas khiyaaliga ah awood uma laha inay dib waqtiga u celiyaan, oo ay mar kale isasaxaan. [...] Balse **waxaa laga yaabaa** in ay fikrad naga siiyaan sameynta mustaqbal ka wanaagsan sidii hore."
"So, when you return to the real world, all of those imaginary histories are unable to turn back time and set things right. [...] But, it's possible that they might give us an idea on how to make the future better.. "

Exercise 92 - What is the function of the following message before an article?:

"Akhriste, **waxaa laga yaabaa** in aad dhibsato qeybo ka mid ah qoraalka."

Waxaa muuqata - "It seems, it is apparent"

(waxaa + muuqata; from muuqo, "to appear")

"Marka laga tago dhacdadan, **waxaa muuqata khatarta** ay leedahay ciidamada tirida badan ee xerooyink isaga xaraysan ama magaalooyinka iska kifaaxaya ee aan wax hawlgal ah ku mashquulsanayn."
*"Aside from this incident, **the dangers are apparent** in having many soldiers stationed in camps or roaming in towns and not occupied with any operation."*

"**Waxaa muuqata** in xukuumaddu arrinta badda u adeegsatay dicaayad iyo in ay isu muujiso in ay shaqo fiican hayso, balse wax kasta oo ay sameysay waxay dhalinayaan shaki weyn."
*"**It seems** that the government has used the maritime issue as propaganda and to show itself as doing a good job, but everything it has done raises significant doubt."*

Exercise 93 - Answer the following question in Somali, using "ayaa" in your sentence:

"Who won the English Premier League football championship in 2016?"

Exercise 94 - Answer the following question in Somali, using "wuxuu" in your sentence:

"What countries have a border with Somalia?"

Exercise 95 - Write questions in English that would be answered by the following Somali sentences, taking note of the focus of each sentence:

"Diyaarad nooca xamuulka qaada ah **ayaa** maanta ku burburtay garoonka diyaaradaha ee Adan Cade ee magaalada Muqdisho."

"Madaxweynihii hore, Xasan Sheekh Maxamuud markii uu maamulka Villa Somalia la wareegay, **wuxuu** Ra'iisul Wasaare u magacaabay Cabdi Faarax Shirdoon (Saacid)."

<h1 style="text-align:center">*WAA*</h1>

Many learners of Somali have trouble understanding when to use the declarative particle "waa" as opposed to "waxaa". One key difference is that "waxaa" applies focus to nouns, whereas "waa" does not. So, while "Waxaan arkay albaabka" (*"I saw the door."*) would be a valid answer to the question "Maxaad aragtay?" (*"What did you see?"*), "Waan arkay albaabka" (*"I saw the door."*) would not.

Also, "waa" is used in what can be called "equational sentences". For example, "Maxamuud waa dhaktar" can be translated as *"Maxamuud is a doctor"*, without any focus on "Maxamuud" or "dhaktar".

Waa in X... - "X should/must..." [where X is a pronoun]
(waa + in; "that" + X)

"Qofku haduu afka wax ka qaadan karo **waa in uu** badsadaa qaadashada cuntada macaan ama malabka shinnida si uu helo tamar badan (energy). Dabcan arrimahaas aan soo sheegnay waa ka reebban yihiin qofka kaadi-macaanka qaba."

*"If the person can take something by mouth, **he should** eat more sugary foods or honey in order to get energy. Of course, this advice doesn't pertain to someone with diabetes."*

"Xarumaha gobollada ee xisbiga talada haya ee Zanu-PF, iyo sidoo kale dagaalyahannadii xornimodoonka, oo ilaa sannadkii hore daacad u ahaa madaxweynuha, ayaa haatan leh Mugabe **waa in uu** xilka iska tiriyaa."

*"The regional headquarters of the ruling party, Zanu-PF, as well as the freedom fighters, who have been loyal to the president since last year, now say that Mugabe **must** step down."*

<u>Exercise 96 - In which of the following sentences does the "waa in X" pattern not work like the others? Why?:</u>

"Isbedalka Siyaasadeed, **waa inuu** ku yimaadaa hab aan ahayn Mooshin."

"Doorka saxaafadda ay ka ciyaarto bulshooyinka xorta ah dhex-dooda **waa inay** xaqiijiso runta, u dooddo dulmanaha, islamarkaasna ay soo bandhigto ajeendada qarsoon iyo ballanqaadyada beenta ah oo ay siyaasiyiinta ku habayaan shacabka."

"'Itoobiya **waa in ay** baaritaan ku sameyso in haddii maamulka halkaas ay xushmeeyeen xuquuqda Fu'aad ee dalabka megengelyada', ayey tiri hay'adda."

Waa maxay - "what is…?"

(waa + maxay; "what" for feminine/plural)

"Haddaba, waxaa iswaydiin mudan **waa maxay** sababta BFS ay uga qaadatay muddada dheer si uu u ansixiyaan sharciga muhiimka u ah Doorashooyinka Qaranka oo ah masiirka dalka?"
*"So, the question is, **why** did it take the BFS so long to pass the law that is crucial to the National Elections and the country's destiny?"*

"**Waa maxay** halista ugu weyn ee uu wajahayo bini'aadamka?"
*"**What is** the greatest danger facing humanity?"*

<u>Exercise 97 - Translate the following sentences:</u>

"**Waa maxay** Ujeedada laga leeyahay ee loobadalayo Diblumaasiyiinta Soomaaliyeed ?"

"Haddaba **waa maxay** saameynta caafimaad ee ka dhasha cabida sigaark?"

Waa kan - "this is (it), here is, is the,
etc." *(variants waa tan, waa kii, etc.)*

(waa + kan; masculine pronoun for "this")

"Wiil darawal u ahaa from 2 xidigle to taliye xigeen ciidanka boliiska lana siiyey sareeye guuto. Ii sheega dalkaan ma horumar buu ku socdaa **waa kan** Kheyre ka hadlo arrimahaa markasta!"

"A kid who was his driver went from Lieutenant to Deputy Police Chief and was given the rank of Brigadier General. Tell me, is this country going to develop? **Here is** *Kheyre who always talks about these issues!"*

"Somalia waxaa haysta dhibaatooyin badan. Waxaana ka midda amni xumo, dawlad jilicsan iyo khaat. Dhibaatada khaatku **waa tan** ugu weyn."

"Somalia has many problems. They include poor security, fragile government, and khat. The khat problem **is the** *biggest. "*

"Dilka Cabdiwali Cali Xasan **waa kii** ugu horreeyay ee sannadkan 2020 wariye loogu geysto gudaha Soomaaliya. Allaah Ha u Naxariistee wuxuu wariye Cabdiwali oo ahaa 25 jir, dunida kaga tagay xaas iyo labo carruur ah."

"The killing of Cabdiwali Cali Xasan **is the** *first in 2020 perpetrated against a journalist in Somalia. May God have mercy on him. The journalist Cabdiwali who was 25 years old left behind a wife and two children."*

<u>Exercise 98 - Translate the following sentence:</u>

"Dhaqaalaha Mareykanka **waa kan** ugu balaaran dunida, ayadoo lagu qiyaasay sanadii 2008 aduun dhan 14.4 tiriliyan oo Dollarka Mareykanka wax soo saarka wadanka ee dabada loo iib geeyo."

Waa haddii - "as long as, provided, assuming"

(waa + haddii; "if")

"Moses Watangula, wasiirkii hore ee arrimaha dibada ayaa isna lagu wadaa in loo asteeyo guddoomiyaha baarlaanka, **waa haddii** xisbigani doorashada ku guuleysto."

"Moses Watangula, former minister of foreign affairs, is set to be appointed speaker of parliament, **as long as** *the party wins the election."*

"Mucaaradka ayaa qaba rajadii ugu badneyd ebed ee ah in ay ku guuleystaan doorashada, **waa haddii** aysan ku kala qeybsamin xulashada maanta dhacaysa."
*"The opposition has the highest hopes ever of winning the election, **as long as** they are not divided over the election happening today."*

Exercise 99 - Translate the following sentence:

"Shiinaha ayaa keenay hannaan cusub oo ahaa "hal dal iyo labo hanaan", kaas oo Taiwan u saamaxaya in ay noqoto maamul go-boleed, **waa haddii** ay aqbasho midowga Shiinaha."

Waan / waad / wuu / way - [declarative particle]
(waa + pronouns such as aan, aad, uu, ay)

"Trump: **Waan ogahay** waxa uu sameynayo Kim Jong-un"
*"Trump: **I know** what Kim Jong-un is doing"*

"**Waad guuleysateen**, wixii aad rabteen waa hesheen."
*"**You won**, you got what you wanted."*

"Halkan Ka Daawo:'**China Wuu Ogyahay** In Aanuu Farmaajo Maamulin Somaliland'"
*"Watch Here: **China knows** that Farmaajo does not control Somaliland"*

"**Way imaan doontaa** maalin hubka la iska uruuriyo, waana marka aan dhisanno ciidan qaran oo matala dalka oo dhan."
*"A day of disarmament **will come**, and that is when we will build a national army that represents the whole country."*

Exercise 100 - Fill in the blanks of the following Somali sentences with the correct focus or declarative particle, based on the focus indicated in the translation:

"Manchester City _____ Real Madrid 2-1 ku dubatay tartanka horyaalka yurub"
*"**Manchester City** beat Real Madrid 2-1 in the Champions League."*

"Messi ___ ciyaartoygii shan jeer ku guulaystay laacibka sanadka ugu wanaagsan."
"Messi is the five-time Player of the Year winner."

"Cristiano Ronaldo ___ ciyaari karaa ilaa iyo da'ada 40 jirka."
"Cristiano Ronaldo could play until he is 40 years old."

"Lambarkee ____ u xiran doonaa Gunners?"
"__What number__ will he wear with the Gunners?"

PART II: CLUSTERS

Somali often combines its prepositions and pronouns into "clusters". All the possible clusters (some of which are more common than others) can be detailed in chart form. Instead of rehashing these charts, which can be found online, this section will review examples focusing on the most relevant clusters and how they work.

LAGU AND KULA

"Lagu" and "kula" are formed from "la" and "ku", each of which have two possible meanings, which we will refer to as la_1, la_2, ku_1 and ku_2 for convenience:

La_1 - pronoun used for passive voice; "one" (as in *"one does what one can"*)

La_2 - preposition meaning "with" (as in *"I came with the food"*)

Ku_1 - pronoun meaning *"you"*

Ku_2 - preposition meaning *"in, at, by/with"* (*"with"* as in *"He dug with a shovel"*)

Depending on context, "lagu" can be formed from la_1 and either ku_1 or ku_2 (which changes the K to G for ease of pronunciation), and "kula" can be formed from $ku_1 + la_2$ or $ku_2 + la_2$.

Lagu wadaa - "is set to, is meant to"

($la_1 + ku_2$ + wadaa; from wad, "to carry on, drive, lead")

"Dowladda Sacuudiga ayaa **lagu wadaa** in ay xayiraaddii saarneyd Xoolaha Soomaaliya ay qaaddo iyada oo muddo dhawr sano ah aan Xoolaha Soomaaliya loo dhoofin Sacuudiga."

"The Saudi government is set to lift the embargo on Somali livestock, which has been in place several years, during which Somali livestock has not been exported to Saudi Arabia."

Lagu hogaamiyo - "(for you) to be led, to follow"

($la_1 + ku_1$ + hogaamiyo; from hoggaami; "to lead")

"Si aynu dadka ugu qancinno sida aynu u fikirayno, marka hore waa in aynu fahamno sida ay iyagu u fikirayaan. Haddii aad doonayso in aad adigu wax hoggaamisana waxaa lama huraan ah in aad ogolaato in adiga **lagu hoggaamiyo**."

"To get others to come to our way of thinking, we must go over to

*theirs. And it is necessary **to follow** in order to lead.*[34]"

Sida lagu sheegay - "as was said (in), according to"

(sida; "as, like" + la$_1$ + ku$_2$ + sheegay; from sheeg, "to say/tell")

"Somalia ayaa sidoo kale kaalinta 1-aad uga jirta Afrika, iyadoo horumar wayn ku samaysay dhinaca internetka muddaddii 12-ka bilood ahayd ee ugu dambeeyay **sida lagu sheegay** qiimey-nta."

*"Somalia is also ranked number one in Africa, having achieved significant progress in internet service in the past 12 months, **according to** the assessment."*

Lagu siiyay - "You were given"

(la$_1$ + ku$_1$ + siiyay; from sii, "to give")

"Haddii adiga **lagu siiyay** ruqsadda degnaanshada oo joogtada, ama ruqsadda degnaanshada oo ku meelgaarka ah [...] waxaa suurtagal ah inaa xaq u leedahay in qoyskaada keensankartid."

*"If **you were given** a permanent residence permit, or a temporary residence permit [...] you may have the right to bring your family."*

Kula kulmay - "met (with X) in"[35]

(ku$_2$ + la$_2$ + kulmay; from kulan, "to meet")

"Guddiga Madaxabanaan ee Doorashooyinka Qaranka ayaa maanta magaalada Mogdishu **kula kulmay** Xisbiyada sida ku meel gaarka ah u diwaangashan, Kulanka oo u jeedadiisa ahayd is xog waraysi u dhaxeeyo labada dhinac ayaa diiradda lagu saaray sidii Xisbiyada hadda jira ay u qaadan lahayeen Sha-hadada radmiga ah."

*"The National Independent Electoral Commission **met in** Mogadishu today with the temporarily registered parties; the purpose of this meeting was to exchange views between the two sides with focus on how the existing parties could receive an official certificate."*

Kula dardaarmay - "wished for, urged"

(ku$_2$ + la$_2$ + dardaarmay; from dardaaran, "to express a wish")

"Waxuuna **kula dardaarmay** in ay sida ugu dhaqsiyaha badan ku dhammeeyaan, si loogu guuleysto in ay xukuumaddu ku shaqo billaawdo."
*"He **urged** them to complete it as quickly as possible, in order to successfully allow the government to start work."*

Kula lahayeen - "they had with you"

(ku$_1$ + la$_2$ + lahayeen; from leh, "to have")

"...Haddii tan aysan suurta gal ayna ahayn, qof kasta oo kugu soo dhowaada oo adiga kula yeesha xiriir dhaw ayaa ubaahan inuu kusii dheereysto mudada karantiilinta ilaa 14 maalmood laga soo bilaabo markii ugu dambeysay ee ay **xiriir dhow adiga kula lahayeen**."
*"...If this is not possible, everyone close to you with whom you had close contact needs to extend the quarantine period to 14 days beginning from the last time **they had close contact with you**."*

Exercise 101 - Translate the following sentences. Is "lagu" used the same way in both?:

"Magaalada Lusaka Ee Caasimada Dalka Zambia ayaa Safiirka cusub **lagu** soo dhaweeyey kadib markii ay halkaasi Sacado ka hor gaartay."

"Wararka inaga soo gaaraya Deegaano katirsan Puntland ayaa waxay sheegayaan in maanta la is hortaagay Banaanbax la doonayey in Dawlada **lagu** taageero."

Exercise 102 - Translate the following sentences. Is "kula" used the same way in both?:

"Warar aan helnay ayaa xaqiijinaya in Madaxweyne Farmaajo uu wadahadallo albaabada u xiran uu **kula** jiro gudoonka labada aqalka ee xeer-dejinta waddanka."

"Haddii qof **kula** nool ay maxkamad ku amartay in uu bixiyo masruufka carruurta, amarka maxkamadda miyuu isbedde-lay?”

<u>Exercise 103 - Complete the following translations:</u>

“Shirkan ayaa waxaa soo qaban qaabisay Hay’ad Caalami ah oo **lagu** mmagacaabo Towfiiq,waxaa sidoo kale shirka ka qeybge-laya Culimada Islaamka ee dalka Uganda, ganacsato,dhaqaale-yahano iyo qaybaha kale duwan ee Bulshada.”

“____ *Tow-fiiq[36], and Islamic scholars from Uganda, businessmen, economists and other segments of society will also participate in the meeting.*

“Waxaan xarunta safaaradda Maraykanka ee Muqdisho kula ku-lannay Danjire Donald Yamamoto oo aan ka wada hadalnay xaaladda guud ee dalka iyo aragtida madasha xisbiyada qaran ee geediga 2020/2021.”

“____ *Ambas-sador Donald Yamamoto, and we discussed the overall situation in the country and his view of the Forum for National Parties in the 2020/2021 term.*”

UGU AND KUU

"Ugu" and "kuu" are formed from "u" and "ku". "U" is only used as a preposition and not as a pronoun, while "ku" retains the meanings discussed above:

U_1 - "to, towards, for", also used in superlatives ("best", "largest", "most", etc.)

"Ugu" is formed from u_1 + ku_2 and also from u_1 + u_1 (with one of them as the superlative), and its counterpart "kuu" is formed from ku_1 + u_1.

Ugu weyn - "biggest, largest"

(u_1 [superlative] + u_1 + weyn; "big")

"Deeq bixiyaha **ugu weyn** 20kii sano ee lasoo dhaafay, isla markaana ah dalka ay ciidankiisa cirku joogtada ula dagaallamaan argagixisada Shabaab, waa Mareykanka."
*"The **largest** donor in the last 20 years, and at the same time the country whose air force is constantly fighting the al-Shabaab terrorists, is the US."*

Ugu dambeeyay - "most recent, past/last"

(u_1 [superlative] + u_1 + dambeeyey; from dambe, "to follow after, be behind, be last")

"Ciidanka xoogga dalka ee Danab ayaa sheegay in howlgalo **saacadihii ugu dambeeyey** ay ka fuliyeen Gobolka Jubbada Hoose ay ku dileen xubno ka tirsan al-shabaab kuna qabsadeen degaano cusub."
*"The Danab unit of the national army stated that they have killed members of al-Shabaab and captured new areas in Lower Jubba in operations carried out during the **last few hours**."*

Ugu baaqay - "Called on to..."

(u$_1$ + ku$_2$ + baaqay; from baaq, "to call, summon")

"Wasiirka Gaashaandhiga Soomaaliya ayaa shacabka Soomaaliyeed **ugu baaqay** in ay ka shaqeeyaan sidii dalka loo xasilin lahaa."
*"The Somali Minister of Defense **called on** the Somali people to work on stabilizing the country."*

Kuu ogolaanaya - "Allows you"

(ku$_1$ + u$_1$ + ogolaanaya; from oggolow, "to allow, permit, accept")

"Laakiin adeeggan lagu soo daray Twitter-ka ayaa **kuu ogolaanaya** in aad si toos ah muuqaal uga tabisid Twitter-app, haddii aad leedahay Periscope iyo haddaadan lahaynba."
*"But, this service added to Twitter **allows you** to stream live video from the Twitter app, whether you have Periscope or not."*

Kuu sheego - "to tell you"

(ku$_1$ + u$_1$ + sheego; from sheeg, "to say/tell")

"Xayeysiinta filimkeyga ayaan maanta baahinay. Waxaan ku faraxsanahay inaan **kuu sheego** in filimkan uusan waxbadan kaaga baahnayn, qof kastana uu awoodi doono inuu daawado."
*"We released my film's promotion today. I am happy **to tell you** that this film does not require much from you, and everyone will be able to watch it."*

Exercise 104 - Translate the following sentences. Is "ugu" used the same way in both?:

"Waxaa la soo daayay Bartamihii bishii May ee sannadkan oo dib ay **ugu** noqotay dalkeeda Taliyaaniga."

"Maxkamadda Turkiga **ugu** sareysa ee dhanka maamulka ayaa ka baaraandegaysa in madxafkaasi ku yaalla Istanbul, horayna u ahaa kaniisadda loo bedalo masjid."

Exercise 105 - Translate the following sentence:

"Haddii xanuunnada noocan ah aad qabtay muddo aad u dheer, la xiriir dhakhtarkaaga, si uu **kuu** siiyo talooyinka ugu haboon ee ku saabsan habka loola tacaali karo."

<u>Exercise 106 - Complete the original Somali sentences based on their translations:</u>

"Inaad   waqti   badan   aad   ku   jirtid ______________________________ masayr iyo inaad ku faraxsanaan waydo noloshaada, ayay sheegtay daraasaad cusub."
*"Spending too much time on social media could **lead you to** jealously and unhappiness in your life, according to new studies."*

"'______________________________ oo noooociisa ah tan iyo markii uu bilowday dagaalka u dhaxeeya Xutiyiinta iyo xulafada uu Sacuudiga hogaamiyo', ayuu yiri afhayeenka."
*"This operation is **the biggest** of its kind since the war began between the Houthis and the Saudi-led coalition,' said the spokesman."*

LOO AND ULA

"Loo" and "ula" are formed from "la" and "u". Instead of "lau", combining la + u results in "loo". "Loo" is formed from la_1 + u_1, and its counterpart "ula" is formed from u_1 + la_2.

Loo baahan yahay - "is needed"

(la_1 + u_1 + baahan; "needed" + yahay; from ah, "is")

"Iyadoo la xusayo maalinta caruurta ee Midowga Afrika ayey hay'addu tilmaamtay in **loo baahan yahay** in sababaha ay ka mid tahay dhibaatada bini-aadamnimo ee caruurta ay wajahaan."
*"While celebrating the African Union Children's Day, the organization noted **the need** to address the root causes that are part of the humanitarian problems affecting children."*

Marka loo eego - "compared to"

(marka; "the time," used often as "when" + la_1 + u_1 + "eego"; from eeg, "to look at")

"Laakiin dowlado marba marka ka dambeysa sii badanaya ayaa doonaya inay arkaan heerka ay ardaydooda ka gaarsiisan yihiin waxbarashada, **marka loo eego** kuwa kale ee caalamka."
*"But more and more governments want to see the level of education their students have achieved, **compared to** those in the rest of the world."*

Gaarka loo leeyahay - "privately held"

(gaarka; "private", also "special, specific" in other contexts + la_1 + u_1 + leeyahay; from leh, "to have/hold")

"Dowladda Britain waxa ay shaacisay inay hawsha kala wareegtay shirkadaha **gaarka loo leeyahay** ee maamula tareennada dalkaasi."
"The British government announced that it has taken over operation

*of the country's railways from **private** companies."*

Si ay ula - "(in order) for them to"

(si; "way" + ay; "them" + u_1 + la_2)

"Kaamerada ammaanka ayaa dad badan oo reer Muqdisho ah waxay ku rakibaan goobahooda ganacsi, **si ay ula** socdaan dhaq-dhaqaaqyada aaga ganacsigooda sida hoteellada..."

*"Many Mogadishu residents have installed security cameras at their places of business, **in order for them to** monitor activities near their businesses, such as hotels..."*

Si ula kac ah - "deliberately"

(si; "way" + u_1 + la_2 + kac; "to get up" + ah; "is")[37]

"Wasiirki hore ee gaashnaadhigga Mareykanka james Mattis wuxuu toddobaadkii hore sheegay Mr Trump **si ula kac ah** inuu shacabka Mareykanka u kala qaybinyo oo uuna sheegay "inuu aad uga carooday ugana argagaxay" Trump sida uu u maareeyey mudaharaadyada."

*"The former US Secretary of Defense, James Mattis, said last week that Mr. Trump is **deliberately** dividing the American people, and that he was 'angry and appalled' at how Trump was handling the protests."*

Exercise 107 - Translate the following sentence:

"Arrimaha qaarkood waxa **loo** bandhigi jiray muwaaddiniin reer Somaliland ah iyo ganacsato."

Exercise 108 - Translate the following sentence:

"Tan iyo intii ay Jamhuuriyada Somaliland Madax-bannaani-deeda dib **ula** soo noqotay waxay buuxisay dhamaan shuruudi-hii Dawlad-nimo, waxay leedahay Calan, Lacag, Xudduudo iyo Ciidan Qaran."

Exercise 109 - Complete the original Somali sentence based on its translation:

"____ ayaa doonaya inay u tartamayaan doorashadaasi."

"Many parties who were temporarily registered want to compete in the election."

<u>Exercise 110 - Complete the original Somali sentence based on its translation:</u>

"____

_______ xukuumadda Madaxweyne Gaas, islamarkaana ay sii joogteyn doonto taageerada ay siiso dadka iyo dowladda Punt-land."

"Nicholas Kay said that the UN will work closely with the government of President Gaas, and that it will continue its support to the people and government of Puntland."

LAGA AND KALA

"Laga" and "Kala" are formed from "la" and "ka". "Ka" is a preposition that doesn't appear as a pronoun, while "la" retains meanings previously discussed.

Ka_1 - "at, about, from"; also used in comparatives ("better than", "bigger than", etc.)

"Laga" is formed from la_1 and ka_1, and its counterpart "kala" can be formed from ka_1 + la_2. Aside from the meaning of "from … with" implied by the individual prepositions, "kala" can also be used to convey "separateness" and is the opposite of "wada", as we will see below.

Marka laga reebo - "except for"

(marka; "when" + la_1 + ka_1 + reebo; from reeb, "to exclude, leave out")

"Inta la xaqiijiyay qaraxaas waxa ku dhaawacmay 10 ruux oo isu'gu jira 9 qof oo shacab ah iyo hal askari oo ka tirsan ciidanka Booliiska Puntland.Dadkaas ayaa badankoodu dhaawacyo fudud qaba **marka laga reebo** hal ruux oo la sheegay in xaaladdiisu liidato."

*"It has been confirmed that 10 people were injured in the blast, including nine civilians and one Puntland police officer. Most of these people have light injuries, **except for** one who was said to be in critical condition."*

Laga soo tago - "after, following, in addition to"

(la_1 + ka_1 + soo; "towards-speaker" particle + tago; from tag, "to go")

"Ducaale oo sidoo kale ah xildhibaanka degmada Gaarisa ee gobolka Waqooyi bari ayaa lagu tilmaamaa inuu yahay shakhsiga saddexaad ee ugu awoodda badan dowladda Kenya, marka **laga soo tago** madaxweynaha iyo madaxweyne ku xigeenka."

*"Ducaale, who is also a member of parliament for Gaarisa county in North Eastern Province, is described as the third most powerful person in the Kenyan government, **after** the president and vice president."*

Kala duwan - "various"

(ka$_1$ + la$_2$ + duwan; "different, unusual")

"Hadalkan waxay soo saareen kaddib todobaadyo ay wadatashi kula jireen ururrada bulshada rayidka iyo madaxda **kala duwan** ee dalka Soomaaliya."
*"They released this statement after weeks of consultations involving civil groups and **various** Somali leaders."*

Oo ku kala - "variously, individually"

(oo; "which, while, and" + ku$_2$ + [ka$_1$ + la$_2$])

"Waxaan halkan ku soo bandhigaynaa sida ay ula tacaalayaan laba magaalo oo yaryar **oo ku kala yaal** gobollada Ohio iyo Arkansas."
*"Here, we will present how they are dealing with it in two small cities **in** the states of Ohio and Arkansas."*

<u>Exercise 111 - Translate the following sentence:</u>

"Sucaad Xasan oo sharxaysa qaabka uu arooska u dhacay ayaa sheegtay in arooskoodu uu u dhacay si caadi ah **marka laga reebo** in aysan dad badan ka soo qeyb galin."

<u>Exercise 112 - Translate the following sentence:</u>

"Marxuumka dhintay ayaa marka **laga soo tago** in uu ahaa guddoomiye ku-xigeenkii degmada Matabaan, dhinaca kale waxaa uu ka mid ahaa dhalinyarrada firfiroon ee ka shaqeeya nabadda iyo ka hortaga colaadaha."

<u>Exercise 113 - Translate the following sentence:</u>

"Madaxweyne Deni ayaa sidoo kale booqan doona garoonka kubadda cagta, waxaana lagu wadaa in uu sidoo kale kulamo la qaato qaybaha **kala duwan** ee bulshada."

Exercise 114 - Translate the following sentence:

"Waxay diyaaraddu tegeysaa 16 magaalo **oo ku kala** yaalla Germany, Switzerland, Austria, Netherlands iyo Denmark, sida ay sheegtay THY[38]."

UGA, KAGA, AND WADA

"Uga", "Kaga" and "Wada" are the next three clusters we will review. Different from the above, they do not have a "pair" where the syllables are reversed, but each is notable for its own reasons.

"Uga" is formed, as expected, from u_1 and ka_1. "Kaga" can be formed three ways: $ka_1 + ka_1$, $ku_2 + ka_1$, and $ku_2 + ku_2$[39]. "Wada" is not itself formed from any regular preposition or particle, but is important to note as the opposite of "kala".

Uga mahad celiyay - "thanked"

($u1 + ka1$ + mahad; "thanks" + celiyay; from celi, "to return")

"Madaxweynaha Soomaaliya Maxamed Cabdullaahi Farmaajo oo khudbad ka jeediyay Shirka ayaa dowladda Jabuuti **uga mahad celiyay** doorka ay ka qaadaneys isku keenida Midnimada Soomaaliya."
*"The President of Somalia, Maxamed Cabdullahi Farmaajo, spoke at a meeting **thanking** the government of Djibouti for the role they played in uniting Somalia."*

Kaga hadlayaan - "Talking in... about"

($ku_2 + ka_1$ + hadlayaan; from hadal, "to speak")

"Ma jirto war kasoo baxay dhanka Dawlada Maamulka Gobolka Gedo Uqaabilsan oo ay **kaga hadlayaan** Xaalka Gobolkaasi iyo Dhaq dhaqaaqyada ciidan Ee iska soo horjeeda."
*"There has been no statement from the regional government administration of Gedo **about** the situation in the region and the movements of the opposing forces."*

Kaga duwan - "is different from"

($ka_1 + ka_1$ + duwan; "to differ")

"Iyadoo ay maanta tahay maalinti labaad ee bishaan barakeysan ee Ramadan, ayay VOA-du weydiisay aragtida dadka Muqdisho ee waxa uu Ramadaankan **kaga duwan**yahay kuwi ka horre-eyay."

*"As today is the second day of the holy month of Ramadan, VOA asked the opinions of the people of Mogadishu about how this Ramadan **is different from** previous ones."*

Safka hore kaga jira - "foremost, in the front rank"

(safka; "line, rank (as in a military formation)" + hore; "front" + ku_2 + ku_2 + jira; from jir, "to exist")

"Canada ayaa kamid ah dowladaha **safka hore kaga jira** caawinta Soomaaliya, waxaana la sheegaa in ay ku nool yihiin Jaaliyadda labaad ee ugu badan."

*"Canada is one of the **foremost** countries in aid to Somalia, and it is said that the second largest [diaspora] community lives there."*

Si wadajir ah - "Jointly, together"

(si; "way" + wada; "together" + jir; "to be" + ah; "is")

"Daraasaddaas oo ay sanadkii 2015-kii **si wadajir ah** u same-eyeen khubaro ka tirsan jaamacadda Moi ayaa lagu fuliyay maalgalin ay sameysay dowladda."

*"That study, performed **jointly** by experts from Moi University in 2015, was conducted with funding from the government."*

<u>Exercise 115 - Translate the following sentence:</u>

"Qorshaha waxaa iigu jirtay inaan galabnimada maalintaas u daawasho tago ciyaar xiiso badnayd oo dhex mareysay kooxaha Man United iyo Liverpool, ee **ka wada tirsan** Horyaalka wad-danka Ingiriiska."

<u>Exercise 116 - Translate the following sentence:</u>

"Gen. Asad Cismaan C/laahi oo Bosaaso **kaga dhawaaqay** in uu yahay musharax Madaxweyne ee Puntland 2019"

<u>Exercise 117 - Translate the following sentence:</u>

"Madaxweyne Moon Jae-in ayaa Isniintii **si toos ah uga codsaday** Waqooyiga inuu dib ugu soo laabto wadahadalka oo uusan xaaladda uga darin."

<u>Exercise 118 - Translate the following sentence:</u>

"Jaamacaddu waxay haysataa Aqoonsi gudaha iyo dibadaba leh, iyadoo shahaadada Jamacadda aad **kaga shaqo geli** kartid waddan kasta oo dunida ku yaala, sidoo kalena aad **aqoontaada kaga sii korodhsan** kartid Jaamacadkasta."

THREE-PART CLUSTERS

In addition to clusters formed from two prepositions and/or pronouns, Somali has a number of three-part clusters. The six we will introduce are "looga", "loogu", "loola", "lagula", "kuugu" and "kaaga", and they are formed as follows:

Looga - la$_1$ + uga
Loogu - la$_1$ + ugu
Loola - la$_1$ + ula
Lagula - la$_1$ + kula
Noola - na (the "us" pronoun) + ugu
Kuugu - ku$_1$ + uga

Observe that the first element in each of these three-part clusters, and indeed in all three-part clusters, is a pronoun -- whether la, ku, or other pronouns (i, ina, idin, etc.) that appear less frequently in our sample.

Looga hadlay - "was discussed, was spoken about"
(la + uga + hadlay; from hadal, "to speak")

"Qoraal ka soo baxay Xafiiska Ra'iisul Wasaare Ku xigeenka, ayaa lagu sheegay in Kulanka dhex maray Ra'iisul Wasaare ku-xigeenka iyo François-Philippe, **looga hadlay** xoojinta xariirka labada dowladood ee Soomaaliya iyo Canada"
*"A written statement from the Office of the Deputy Prime Minister said that strengthening the relationship between Somalia and Canada **was discussed** at a meeting between the Deputy Prime Minister and François-Philippe."*

Loogu talagalay - "planned for/to"
(la + ugu + talagalay; from talaggal, "to plan")

"Dowladda Soomaaliya ayaa magaalada Beledweyne geysay diyaarad siday agab looga hortagayo in uu fataho wabiga Sha-

beelle ee Beledweyne, waxaana agabka ka mid ah jawaanno iyo biro **loogu talagalay** in caratuur lagu sameeyo."
*"The Somali government sent a plane to Beledweyne carrying supplies to prevent the flooding of the Shabeelle river in Beledweyne, including sacks and metal **planned for** making dams."*

Loola dhaqmay - "was treated"

(la + ula + dhaqmay; from dhaqan; "to act, behave")

"Qoraalka ayaa lagu yiri: Waxaa **loola dhaqmay** si aan caddaalad ahayn, sida kuwa kale oo badan oo kiiskan ah"
*"The statement said: He **was treated** unfairly, like many others in this case."*

Lagula jiro - "against"

(la + kula + jiro; from jir, "to be, exist")

"Shirkan oo ah kii 30-aad ee Madaxda Afrika isugu yimaaddaan ayaa socon doona muddo labo maalmood ah, waxaana sanadkaan looga hadli doonaa xoojinta dagaalka **lagula jiro** musuqmaasuqa oo ay hoggaamiyeyaasha Afrika si wadajir ah uga shaqeyn doonaan."
*"This meeting, the 30th to bring together African leaders, will last for two days, and this year strengthening the war **against** corruption will be discussed, which African leaders will cooperate on."*

Noola duubtay - "filmed with us"

(na + ula + duubtay; from duubo, "to wrap up, to roll")

"Waxa aan fursaddan uga faa'iideysanayaa inaan u mahadceliyo Danjire Bishaar Xuseen oo **si gaar ah noola duubtay** oo la'aantiis aysan waxyaabo badan noo suurtogaleen."
*"I want to take advantage of this opportunity to thank Ambassador Bishaar Xuseen who **filmed especially with us** and without whom many things would not have been possible."*

Kuugu filan - "enough for you"

(ku + ugu + filan; "to be sufficient")

"Korontada waxaa laga yaabaa in ay shaqeyn weyda. Guriga ha kuutaala cunta iyo biya **kuugu filan** muda maalma ah haddii ay dhacda inaad ka tagin guriga."
*"Electricity may not work. Make sure that there is **enough** food and water for a few days in case you don't leave home."*

Exercise 119 - Translate the following sentence:

"Kenya ayaa sidoo kale baaritaano ku wada dad boqolaal gaaraya oo **looga** shakisan yahay xanuunka, waxaana suurta-gal ah in tiradu kororto."

Exercise 120 - Translate the following sentence::

"Gaariga uu ninkani ku dhuftay ganjeelka ayaa markii dambe waxaa **loogu** yeeray ciidamada u tababaran furfuridda walxaha qarxa si ay walxaha qarxa uga raadiyaan."

Exercise 121 - Review one or more Somali news articles and make a note of all the three-part clusters you see. What is the most common beginning pronoun in them? Why do you think this is?

PART III: SUPPLEMENTAL MATERIAL

ANSWER KEY

* Ka *

<u>Exercise 1 - Fill in the blank in the following translation:</u>

"Qaraxan ayaa la sheegay inuu ka dhacay guri uu degenaa **mid ka mid ah saraakiisha ciidamada Milatariga** balse xilligaa uu ka maqnaa."
*It was said that this explosion happened at a home where **a military officer** lived, but he was away at the time.*"

<u>Exercise 2 - Fill in the blank in the following translation:</u>

"Waxaa munasabadaas ka qeyb galay **xubno ka tirsan labada gole** ee baarlamanka Somalia...."
*"**Members of the two councils** of the Somali parliament participated in the event..."*

<u>Exercise 3 - Fill in the blank in the following translation:</u>

"Ma jiro hadal jawaab u ah eedeyntan oo **ka soo baxday DF**..."
*"There is no response **from the Federal Government** concerning these allegations..."*

<u>Exercise 4 - Identify the size of the 2018 budget vs. the previous year in this sentence:</u>

"Miisaaniyadda 2018 ee dowladda Soomaaliya ayaa gaareysa lacag dhan $274,640,191, waxa ayna miisaaniyadan **ka badan** tahay tii hore 14-milyan oo dollar."
*"The 2018 budget of the Somali government amounts to $274,640,191, **more than** the previous one by $14 million dollars."*

<u>Answer:</u> The previous budget would have been approximately $260 million dollars.

<u>Exercise 5 - Translate the first part of this sentence:</u>

"**Wefdiga Madaxweynaha waxaa qeyb ka ahaa** Madaxweyne ku xigeenka Galmudug Cali Dahir Ciid, iyo xubno ka tirsan Golleyaasha xukuumadda."
"***The President's delegation included*** *Vice President of Galmudug, Cali Dahir Ciid, and members of the cabinet.*"

Exercise 6 - Identify the event from last week mentioned in this sentence:

"Xisbiga Waddani ee uu murashaxa u ahaa Cabdiraxmaan Cirro ayaa doorashadii usbuuc ka hor **ka dhacday** Somaliland waxa uu helay 40.73% halka xisbiga UCID uu helay 4.17%."
"*The Waddani party, whose candidate was Cabdiraxmaan Cirro, received 40.73% [of the vote] in the elections that happened a week ago in Somaliland, while the UCID party received 4.17%.*"
Answer: Elections in Somaliland.

Exercise 7 - What happened to the cost of 1 GB of data in Benin? How long did this take?:

"Dalka Benin oo sanado ka hor 1 GB la iibinayey $20.99, ayaa haatan qiimahaas uu si weyn uga sara maray, waxaana 1-GB ay hadda ku bixisaa $27.22 taasoo ah qiime caqliga ka baxsan oo aad u sareeya."
"*In Benin, the price of 1 GB which was sold years ago for $20.99, has now greatly increased, and 1 GB now costs $27.22, which is an unreasonable and very high price.*"
Answer: The price increased by more than $6 over a number of years.

Exercise 8 - Translate the below sentence. How many people have the job mentioned?

"In ka badan hal milyan oo qof ayaa wadda baabuurta Uber, laakiin si toos ah shaqaale uma aha."
"*More than one million people drive Uber cars, but they are not direct employees.*"
Answer: Over one million.

<u>Exercise 9 - "Ka" appears on its own three times in the below sentence. Compare the similarities and the differences in what it means each time:</u>

"Ciyaartoyda oo qurba joog ah, waxaa laga kala keenay waddamo kala duwan, waxayna ka tirsanyihiin kooxo kubadda heer sare ka gaaray, sida uu sheegay Siciid Cabdi Haybe oo qeyb ka qaatay isu keenidda laacibiintan."

"The diaspora players were brought from different countries, and they are part of teams that have excelled in football, said Siciid Cabdi Haybe, who took part in bringing the players together."

<u>Answer:</u> ka tirsanyihiin - *they are part of*, heer sare ka gaaray - *excelled (lit. "reached a high level")*, qeyb ka qaatay - *took part in*

<u>Exercise 10 - Is the "ka" in the below link text a) used to mean "from" b) used for more/less comparison c) a typo; it should be "darawalka" ?:</u>

"VIDEO: Wali ma aragtay darawal ka indha adag darawalkaan?"
"VIDEO: Have you ever seen a driver more shameless than this driver?"

<u>Answer:</u> B) Used for more/less comparison

* Oo *

<u>Exercise 11 - Look at each of the below sentences and determine which use "oo aan" for negation and which use it for "I" or "we". What clues do you have for each?</u>:

"Ninkaani malaha xafiis dadwayne ama cinwaan loogu soo hagaago **oo aan** ka ahayn hoyga uu deggan yahay."
*"This man does not have a public office or address that **is not** his home."*

    <u>Answer</u>: Negative words like "malaha" and "ahayn" elsewhere in the sentence suggest "aan" is for negation here.

"Qodobbada kor ku qoran oo ah tusaale kaliya, **oo aan** aamminsannahay in aad madaxa ku haysaan ama kaba hawl gasheen…"
*"The above points are just an example, **which we** believe that you have in mind or have already done…"*

    <u>Answer</u>: "Aaminsannahay" is positive, which suggests it means *"we"*; also, sentences with one pronoun will often have others (here, "in aad"; *"that you"*) to go with it.

"Weerarkan **oo aan** la ogeyn cida ka dambneysay…"
*"This attack, **which it is not** known who is behind it…"*

    <u>Answer</u>: The passive pronoun "la" makes it more likely that the "aan" here is for negation.

    <u>Exercise 12 - Translate the below sentence and determine which noun "kaas oo" is referring to</u>:

"Qoraal lagu daababay bogga Qaramada Midoobay, **kaas oo** ku taariikhaysan 07 September 2017, kana soo baxday xafiiska Xoghayaha Guud ee Qaramada Midoobay ayaa lagaga hadlay illaa afar dal oo lagu leeyahay lacag oo ay ku jirto Soomaaliya."
*"A statement published on the United Nations' website, [**which was**] dated 07 September 2017, and issued by the office of the UN Secretary-General, talked about four countries which owed money, including Somalia."*

    <u>Answer</u>: "Kaas oo" refers to "qoraal" here; "A statement…

[which was] dated..."

Exercise 13 - Complete the translation of the following sentence:

"1954-1958dii waxaa la qabtay dorashooyinkii golayaasha degaannada dalka **oo dhan** waxaa kaloo la abuuray golaha sharci dejinta."

*"In 1954 to 1958, local council elections were **held across the country** and the legislative council was also created."*

Exercise 14 - Complete the translation of the following sentence:

"Dacwad-oogayaasha Norway ayaa cayaartoyga markaas u jaray warqad caalami ah oo lagu soo xirayo **iyagoo kaashanaya** Interpol."

*"Norwegian prosecutors, **cooperating with** Interpol, then issued an international arrest warrant for the player."*

Exercise 15 - Complete the translation of the following sentence:

"**Hay'adda bisha Cas** ayaa iyana diyaarisay Doomo loogu talagalay in dadka looga soo saaro xaafaddaha haddii ay xaaladu cuslaato, **inkastoo** wali isku socodka magaaladu yahay mid furan."

*"**The Red Crescent organization** prepared boats to move people out of neighborhoods if conditions worsen, **although** movement within the city is still open."*

Exercise 16 - Complete the following translation:

"Sida laga soo xigtay ururka, dhakhaatiir dhowr ah oo ku kala sugan dalal kala duwan ayaa u marag kacaya **tiro badan oo** bukaanno ah inay ku adkaato dareemidda urka."

*"According to the group, several doctors in various countries are observing **a large number of patients having difficulties with their sense of smell."***

<u>Exercise 17 - Where is Qadra Daa'uud Ismaaciil originally from and what did she do?</u>:
(bonus: determine whether "magaca" here is a noun or a verb)

"Xaruntan oo la siiyey magaca Sweden Beauty Center, ayaa waxaa hirgalisay haweenay daggan dalka Sweden **oo lagu magacaabo** Qadra Daa'uud Ismaaciil, taasi oo dib ugu soo laabatay magaalada Hargeysa."
*"This center, which was given the name Sweden Beauty Center, was established by a woman living in Sweden **named** Qadra Daa'uud Ismaaciil, and who has returned to Hargeysa."*

<u>Answer</u>: Qadra is from Hargeysa and she founded the Sweden Beauty Center. Also, "magaca" is a noun here; "magac" for "*name*" plus the "-a" suffix meaning "*the*".

<u>Exercise 18 - Which is most likely to follow the below excerpt: a list of a) player names, b) sports teams or c) soccer positions?</u>

"Goolhayihi ugu fiicnaa iyo daafaci ugu wanaagsanaa xilli ciyaareedkan horyaalka Ingiriiska ayaa waxaa la siiyay labo laacib oo u ciyaara Liverpool kuwaas **oo kala ah…**"
*"The best goalkeeper and best defender in the English Premier League this season are given to two Liverpool players, **and they are…**"*

<u>Answer</u>: a) Player names; the sentence introduces two awards and goes on to say who the awards are given to.

<u>Exercise 19 - "oo" is used twice in the following sentence to form phrases that function like adjectives. What in the sentence are these phrases giving information about?</u>

"Ilaa hadda ma heyno wax war ah oo kasoo baxay Al Shabaab oo ku aadan Dagaalka ka dhacay Deegaanka Luuq Jeeloow Ee Gobolka Hiiraan."
"So far we have no information from al-Shabaab regarding the fighting that took place in the Luuq Jeeloow area of Hiiraan region."

<u>Answer</u>: The first "oo" helps describe the information as

from al-Shabaab, the second "oo" describes that information from al-Shabaab as being about the fighting in Luuq Jeeloow.

<u>Exercise 20 - Fill in the blanks in the below sentences with the following options, one of which will not be used ('isagoo', 'oo aan', 'kastoo', 'oo kale'):</u>

"Gudoomiyaha degmada Deyniile Maxamed Abuukar Jacfar ayaa dhinaciisa sheegay in saldhiggani uu soo shaqeynayay muddo dheer **isagoo** soo dhaweeyay in ciidamada boolisku ay dib ula wareegaan saldhiggaasi."
*"Dayniile district commissioner Maxamed Abuukar Jacfar said for his part that this station had been operational for a long time, **and he** welcomed the police forces taking it back."*

"Ninkan iyo afar qof **oo kale** ayaa mudo 14-maalin ah karantiil ahaan ugu sugnaa goob gaar ah oo kutaala garoonka Aadan Cadde"
*"This man and four **others** were placed in a 14-day quarantine in a special area at Aadan Cadde airport."*

"Qaar kamid ah dadka ka barakacay gudaha magaalada Beled-weyne **oo aan** lahadalnay ayaa innoo sheegay wajahayaan xaalad adag, iyaga oo codsaday gurmad deg deg ah lala soo gaaro."
*"Some of the displaced people **who we** spoke to in Beledweyne told us that they were facing a difficult situation, and they requested imme-diate assistance."*

* Ku *

<u>Exercise 21 - What is the expected impact of the plan described in the below sentence?:</u>

"Facebook ayaa ku dhawaaqay qorshe lagu dhigayo kaybal dhererkiisu yahay 23,000-mayl oo lagu wareejinayo xeebaha Afrika, si ay internet xawaarihiisu aad u sarreeyo u helaan 1.3 bilyan oo qaaraddan **ku nool**."

*"Facebook has announced plans to place a 23,000 mile cable off the coast of Africa, so that 1.3 billion people **living on** this continent can access high-speed internet."*

<u>Answer:</u> Improved high-speed internet access for 1.3 billion Africans.

<u>Exercise 22 - Where are the soldiers mentioned in the below sentence and what are they doing?:</u>

"Xaalad adag ayaa ka taagan goobta ciidanka Mushaarkooda raadsanaya ay **ku sugan** yihiin, waxay diideen in Jidka la maro iyagoo celinaya gaari kasta oo sida qof madax ah."

*"There is a difficult situation in the area where the soldiers who are demanding their salaries **are located**; they have refused to allow road crossings and are turning back any vehicle containing an official."*

<u>Answer:</u> The soldiers are protesting on a road by blocking vehicle traffic for government officials.

<u>Exercise 23 - What is the topic of the VOA program mentioned below?:</u>

"Barnaamijka Bandhigga VOA waxa uu toddobaadkan **ku saabsan** yahay qiima dhaca ku yimid shidaalka caalamka, oo dalalka qaarkood sida Mareykanka, uu mar qiimaha halkii barmiil ee saliidda cayriin ka hoos maray 0 dollar."

*"The VOA program this week is **about** the fall in global oil prices, and in some countries such as the US, the price at one time fell below $0 per barrel of crude oil."*

<u>Answer:</u> The topic is falling oil prices.

<u>Exercise 24 - Contrast the below sentences. What do you think is the difference between "ku taal" and "ku taalla" (and by extension, "ku yaal" and "ku yaalla")?:</u>

"Garasbaley waxay **ku taal** gobalka Banadir ee Soomaaliya, caasimadiisu tahay Magaalada Muqdisho."
*"Garasabley **is located in** the Banadir region of Somalia, and its capital is Mogadishu."*

"Maxkamad **ku taalla** Turkiga ayaa dhageystay kiis lagu doonayo in madxafka la dhisay qaranigii lixaad ee Hagia Sophia dib looga dhigo Masjid, waxaana ay go'aanka ku dhowaaqi doontaa 15 sano gudahood."
*"A court **located in** Turkey heard a case seeking to convert the Hagia Sophia museum built in the 6th century to a mosque, and it will announce its decision within 15 years."*

<u>Answer:</u> Without going too deeply into grammar, in this context, "ku taal" is used as a verb, *"to be located in X"*, while "ku taala" with the single "a" at the end is used as an adjective -- here, the phrase *"located in Turkey"* gives us information about the court without telling us what the court is doing the way a verb would.

<u>Exercise 25 - Translate the below sentence:</u>

"Ciidanka NISA ee Koontaroolka ku leh Isgoyska Tarabuunka ayaa **ku jira** feejignaan iyo difaac, laakiin dhankooda qayb kama ahan dagaalka halkaasi ka dhacay."
*"NISA forces who have a checkpoint in Tarabuunka Junction **are on** high alert and ready to defend, but their side is not part of the fighting that took place there."*

<u>Exercise 26 - Complete the below translation:</u>

"Dowladda Faransiiska ayaa si **ku meelgaar** ah waxa ay uga baxday howlgalka ammaanka ee gaashaanbuurta Nato..."
The French government temporarily withdrew from NATO al-

liance security operations..."

Exercise 27 - Translate the following sentences. What would you have to change to re-write the Somali versions using "ku sheeg"?:

"Dowladda Soomaaliya ayaa **sheegtay** in dib loo furayo duulimaadyada gudaha dalka oo horey loogu xiray..."
*"The Somali government **said** that it will reopen flights inside the country that were previously closed..."*

"Laba mas'uul ayaa VOA u **sheegay** in diyaaradda ay ku dhaceen wax dhulka laga riday oo mid ka mid ah uu ku tilmaamay gantaal"
*"Two officials **told** VOA that the plane was hit by something fired from the ground, one of them describing it as a rocket."*

Answer: Re-writing the sentences to use "ku sheeg" would require adding a context such as a statement, message or interview, i.e. *"the government **said in** a communiqué"*, *"the officials **said in** a statement"*, etc.

Exercise 28 - What do you think is the best way to translate ku dhacay in this sentence?

"Dhinaca kale, Dalka Jabuuti ayaa maanta xaqiijiyay 9 qof oo kale oo uu **ku dhacay** cudurka Corona, sida uu sheegay xoghayaha wasaaradda caafimaadka Jabuuti, Saalax Banoyta Turaab."
*"On the other hand, Djibouti has confirmed today that 9 more people **have been infected** with Coronavirus, according to Djibouti's health secretary, Saalax Banoyta Turaab."*

Answer: While directly translating "ku dhac" as *"happened"* or even *"befell"* would produce an unnatural English sentence, the final choice is a matter of preference as long as the idea that 9 people contracted the Coronavirus is conveyed -- *"infected"*, *"contracted"*, or even *"caught"* all work.

Exercise 29 - Complete the below translation:

"Ardayda ayaa imtixaanka lagu soo hordhigaa su'aalo ku saley-

san nolosha dhabta ah, kuwaasoo la eego sida ay uga shaqeeyaan iyagoo adeegsanaya aqoontooda waxbarasho."
*"On the test, students **are asked questions based on real life**, and it is observed how they solve them using their academic knowledge."*

<u>Exercise 30 - Write two sentences, one containing 'ku' used as a 'you' pronoun, another containing 'ku' used as a preposition. What clues do you think might be helpful in telling the pronoun apart from the preposition?</u>
Bonus: Determine why sentences using 'ku' as a 'you' pronoun might be less common in Somali newspaper articles.

<u>Answer:</u> In sentences like "waan ku jeclahay", there's nothing for the verb to be *"in"*, so we know it has to be a pronoun. In a sentence like "Halkee ku nooshahay?", there's something else in the verb that already indicates *"you"* ("tahay" from "nool + tahay"). Also, the "you" pronoun is rare in newspaper articles because the writing style rarely addresses the reader directly, instead reporting in the third person on notable events.

* Ee *

Exercise 31 - Is it more accurate to say that the government or the President has been accused of the actions mentioned in the below sentence? What role does the "ee uu" part play?

"Dowladda Soomaaliya **ee uu** hoggaaminayo Madaxweyne Maxamed Cabdullaahi Farmaajo ayaa lagu eedeeyey caburinta Saxaafadda..."
"The Somali government [that is] led by President Maxamed Cabdullahi Farmaajo has been accused of repressing the media..."

Answer: The accusation is made towards the government more directly than the President; "ee uu" introduces the following part, *"led by Preisdent Maxamed Cabdullahi Farmaajo"* as an adjective.

Exercise 32 - Complete the translation of the following sentence:

"Xafiiska xeer ilaalinta Mareykanka ee magaalada Alexandria ee gobolka Virginia, ayaa sheegay in eedaha **kale ee** uu Liibaan wajahayo ay tahay isku-dayga inuu rabay inuu shaqaaleysiiyo sarkaal dharcad ah si uu ugu safro Soomaala isla markaana uu tababar u soo siiyo dagaalyahannada Al-Shabaab."
*"The U.S. Attorney's Office in Alexandria, Virginia, says that **other charges Liibaan is facing include** an attempt to hire a plainclothes officer to travel to Somalia and train al-Shabab fighters."*

Exercise 33 - Translate the following sentence:

"Afahayeen u hadlay dowladda Iran ayaa sheegay in dabka ka kacay **goobta ugu weyn ee** lagu sameeyo shidaalka Nukliyerka Iiraan uu khasaare weyn dhaliyay."
*"A spokesman for the Iranian government said that the fire at Iran's **biggest** nuclear fuel production site has caused great damage."*

Exercise 34 - Complete the following Somali sentence

based on its translation:

"Kooxda mucaaradka ah ee ka hawlgasha gobolka Soomaalida ee ONLF, ayaa ugu baaqday Raisul Wasaaraha in uu hakiyo dhaqdhaqaaqa militari uuna bilaabo hannaan nabadeed."
"*The **opposition group** operating in the Somali state, the ONLF, called on the Prime Minister to suspend military action and to begin the peace process.*"

Exercise 35 - Translate the following sentence:

"Korneyl Xasan Cali Nuur (Shuute), Gudoomiyaha **Maxkamadda Darajada 1aad ee Ciidamada Qalabka Sida** ayaa Arbacadii ku dhawaaqay in ay tallaabo adag ka qaadi doonaan, cid kasta oo ku lug yeelata dagaal beeleedyada ka dhacay degmadaasi."
"*Colonel Xasan Cali Nuur (Shuute), chariman of the **1st Class Court Martial**, announced on Wednesday that they will take strong steps against anyone involved in the clan clashes that happened in that district.*"

Exercise 36 - Conducting your own research as necessary, identify the Somali language terms for this post and names of other recent appointees.

Answer: The Somali name for the UN's Special Representative to the Secretary General for Somalia is "Ergayga gaarka ah ee Xoghayaha Guud ee Qaramada Midoobay u qaabilsan Soomaaliya". The most recent appointee at the time of this writing is James Swan, former US ambassador to Djibouti and the Democratic Republic of the Congo.

Exercise 37 - Translate the below sentence and conduct your own research to identify other Somali regional capitals. See what stories you can find about these places through an internet search on the "magaalada X ee xarunta gobolka Y" pattern:

"**Magaalada Baladweyne ee xarunta gobolka Hiiraan** waxaa xiligan ka jira xaalad adag oo dhinaca bini'aadanimada ah, waxaana qeybo badan oo kamid ah magaaladaasi saameyn ku yeeshay fataahada uu sameeyay wabiga Shabelle.”

*"**Beledweyne, capital of the Hiiraan region**, is currently in a dire humanitarian situation, with many parts of the city affected by the flooding of the Shabelle river."*

Exercise 39 - Complete the translation of the following sentence:

"Doowlada Ingiriiska ayaa lagu wadaa in ciidamo ka badan 300 oo askari ay u dirto waddamada Koonfurta Suudaan iyo Soomaaliya si ay u taageeraan hawlgalada nabad ilaalinta **caalamiga ah ee** waddamadaasi."

*"The British government is set to send forces comprising more than 300 soldiers to the nations of South Sudan and Somalia in order to **support international peacekeeping operations in those countries**."*

Exercise 40 - Translate the below sentence. Identify specifically what the part introduced by "ee" and beginning with "lagu dhawaaqay..." refers to:

"Madaxweyne hore Sh Shariif ahna Gudoomiyaha madasha Xisbiyadda qaran ayaa sheegaya in kulanka si guud looga hadlay arimaha doorashooyinka iyo shirka beesha Mudullood ee lagu dhawaaqay inuu ka qabsoomi doono Magaaladda Muqdisho ."

"Former President and Chairman of the Forum for National Parties, Sheikh Sharif, said that the meeting generally discussed election issues and the Mudullood tribal conference which was announced to be held in Mogadishu."

Answer: "ee lagu dhawaaqay inuu ka qabsoomi doono Magaaladda Muqdisho" describes the "shirka beesha Mudullood", giving information about where it will be held.

* Iyo *

Exercise 41 - Complete the following translation:

"Ma cadda in ay dhab ka tahay **iyo in kale**, balse waxaa horay u dhacday in isbitaal loo dhigay fannaanka xanuun dhanka maskaxda ah (waashay) oo uu iminka kasoo bogsooday."
*"It is not clear if it **is true or not**, but the artist had been hospitalized with mental illness (madness) and has just now recovered."*

Exercise 42 - Translate the following sentences:

"Isbedel weyn ayaa laga dareemayaa Magaalada Ceelbuur ee Gobolka Galgaduud **tan iyo** markii ay ka baxeen Magaaladaasi ciidamadii Itoobiya."
*"There has been a big change felt in Ceelbuur of the Galgaduud region **since** the Ethiopian troops withdrew."*

"Shaki la'aan Magaalada Baydhabo waxay ku guuleysatay in ay martigeliso kalfadhigii ugu horeeyay ee ay isugu yimaadaan gudaha dalka Soomaaliya Xildhibaanada Baarlamaanka, dadkeeduna xilkasnimo ayay muujinayaan **ilaa iyo maanta**."
*"Undoubtedly, Baydhabo has succeeded in hosting the first session of the Somali parliament held in Somalia, and its people have shown responsibility **to this day**."*

Exercise 43 - Translate the following sentence:

"Madaxweyne Deni wuxuu balan qaaday dhismaha Wadada isku xirta Hotel Gufure **iyo** Suuqa-weyn ee Qardho, taasoo dhererkeedu yahay 200m."
*"President Deni has promised to build a 200m road which connects Hotel Gufure **and** Suuqa-weyn in Qardho."*

Exercise 44 - Fill in the words missing from the following translation:

"Qaab nololeedka aadanuhu waa tillaabooyin iyo dhacdooyin isdabajoog ah ilaa Aadam **iyo** Xaawo."

*"The **human way of life** is a series of steps and events going all the way up to **Adam and Eve.""***

<u>Exercise 45 - Complete the following translation:</u>

"Wax-ku-oolnimada is bad-baddalka hoggaanku waxa ay tahay iyada oo odayga ama hoggaanka cusubi uu la imanayo maskax cusub **iyo** sixitaan khaladaadkii uu galay odaygii ka horreeyey"
*"The effectiveness of a change in leadership is when the new elder or leader comes with new ideas **and corrects the mistakes made by the previous elder."***

* Is *

Exercise 46 - Translate the missing section of the following sentence:

"Wadatashiyo ay qeyb ka aheyd Beesha Caalamka ayaa suura gal ka dhigay in Madaxda marka ugu horeysay shir horudhac ah ku yeeshaan qadka isgaarsiinta, kaddibna loo gudbo mid fool ka fool ah."

*"Consultations, which the international community is a part of, have made it possible for leaders to initially **meet on the telecommunications line**, then proceed to a face-to-face meeting."*

Exercise 47 - Translate the following sentence:

"Raisul Wasaare ku xigeenka Soomaaliya, Mahdi Maxamed Guuleed ayaa BBC-da u sheegay in madaxweyne Farmaajo uu diyaar u yahay in uu ka dego magaalada Hargaysa isaga oo sida calanka Soomaaliya, balse Wasiirka arrimaha dibada iyo **iskaashiga** caalamiga ah ee jamhuuriyada iskeed ugu dhawaaqdey madaxbanaanida ee Somaliland Sacad Cali Shire ayaa sheegay in aan wali halkaas la isla gaadhin."

*"Somalia's Deputy Prime Minister, Mahdi Maxamed Guuleed told the BBC that President Farmajo is ready to land in Hargeisa carrying the Somali flag, but the Minister of Foreign Affairs and International **Cooperation** of the self-declared independent republic of Somaliland Sacad Cali Shire said we haven't reached that stage yet."*

Exercise 48 - Complete the translation of the following sentence:

"Horumarinta adeegyada aas aasiga ah sida waaxda caafimaadka ee NHS, guri la'aanta, **isbadalka** cimilada, ka hortagga dambiyafda iyo qaar kaloo badan ayaa Iyana kamid ah olalaha iyo hal ku dhigyada doorashada ee axsaabta siyaasadda dalka Britain."

*"**The development of basic services such as the NHS (National Health Service), homelessness, climate change, crime prevention***

and many others are part of the campaigns and election slogans of Britain's political parties."

<u>Exercise 49 - Complete the translation of the following sentence:</u>

"Qaraxa oo ahaa **Ismiidaamin** ayaa waxaa fuliyay ruux watay Gaari ay ka Buuxeen walxaha Qarxa, Wuxuuna ku dhuftay Kunteenar lagu uruuriyo Lacagaha Canshuurta ee laga qaado Gaadiidka Soo gala Magaalada Muqdisho."
*"**A suicide bombing was** carried out by someone driving a car filled with explosive materials; he struck a container that held **tax money taken from vehicles entering Mogadishu.**"*

<u>Exercise 50 - Translate the following sentence:</u>

"**Isbahaysiga** hadda talada haya ee Jubilee ayaa waxaa u sharaxan madaxweyne Uhuru Kenyatta iyo ku xigeenkiisa William Ruto, waxayna markale doonayaan in xilka loo doorto."
*"The current ruling Jubilee **Coalition** nominated President Uhuru Kenyatta and his deputy William Ruto, and they want him to be re-elected."*

<u>Exercise 51 - Complete the translation of the following sentence:</u>

"Sidoo kale Wasiir ku xigeenka Warfaafin Soomaaliya ayaa sheegay in Goluhu ay meelmariyeen siyaasadda deegaanka, heshiis dhexmaray Wasaaradda Waxbarashada iyo UNESCO iyo is afgarad dhexmaray Wasaaradda ganacsiga iyo Wasaaradda Maalgashiga Masar."
*"Also, the Somali Deputy Minister of Information said that the council implemented an environmental policy, **an agreement between the Ministry of Education and UNESCO, and an agreement between the Ministry of Trade and the Egyptian Ministry of Investment.**"*

<u>Exercise 52 - Translate the following sentence. When someone is quoted as thinking to themselves, identify whether the quoted words are in first or second person and if this is con-</u>

sistent with the first example sentence for this word:

"'Meel toos ah aan idin sheegi karo inay u barakacayaan ma jirto, laakiin nin walba wuxuu u cararayaa meesha uu is leeyahay waad ku badbaadi kartaa.' Ayuu yiri Daahir Aadan."
"*'I can't tell you a specific place that they are fleeing to, but every man is running to where he thinks he can be safe,' said Daahir Aadan.*"

<u>Answer:</u> The quoted words are in second person, so alternately this might be translated as *"he thinks, 'You can be safe'"*. This is consistent with the example sentence involving the President and comments on his thoughts about deceiving others.

Exercise 53- Translate the following sentence:

"Xildhibaanka **is casilay** ayaa ka mid ah xubnaha baarlamaanka Puntland kasoo gala Gobolka Bari."
"*The **resigned** lawmaker is one of the members of the Puntland parliament from the Bari region.*"

Exercise 54 - Complete the translation of the following sentence:

"Waxaa kale oo iyana ahayd dhacdo xusid mudan in 22 June 2020 dawlada jabuuti soo saartay warmurtiyeed xambaarsan qodobadii lagu heshiiyey oo uu ka dhexmuuqdo qodobka **is dhexgalka** ee waftiga Somaliland markii hore daboolka ka saareen shacabka Somaliland."
"*It was also notable that on 22 June 2020, the government of Djibouti issued a statement containing the agreed terms which appear in the article of **the integration of Somaliland delegates which was first revealed by the people of Somaliland.***"

Exercise 55 - Translate the following sentence:

"Marka hore dastuurka Puntland iyo qaab dhismeedka Golaha awoodda fulinta iyo Golaha sharci dejintu waa mid **is khilaafsan.**"
"*First of all, the Puntland constitution and the structure of the*"

*executive branch and the legislature are **in conflict**."*

* La *

Exercise 56 - Translate the following sentence:

"Twitter ayaa lagu soo daray adeeg muuqaal ah oo ay macaamiisha ay muuqaaladooda si toos ah kula wadaagi karaan dadka ku xiran, si la mid ah Facebook iyo YouTube."

"Twitter has added a video service where customers can share their videos directly with their followers, in a way similar to that of Facebook and YouTube."

Exercise 57 - Complete the translation of the following sentence:

"Intii dagaalka uu socday **ayaa waxaa la sheegay** inay bar bar socotay duqeyn diyaaradeed oo laba gantaal ayaa la sheegay inay ku dhaceen xaafado ka mid ah Magaalada Awdheegle gudaheeda."

*"During the fighting, there were reports of airstrikes and **two missiles landed inside Awdheegle city's neighborhoods**."*

Exercise 58 - Complete the translation of the following sentence:

"Dhowrkii sano ee **la soo dhaafay** ayaa Masaajidda Kenya waxay hirgeliyeen qaabab kala duwan oo dadku ay ku ilaashan karaan kabahooda xiliyada ay cibaadeeysanayaan, waxaana tallaabooyinka la qaaday ka mid ah Sanaadiiq kabaha lagu ilaashado iyo kamarooyiin laga la socdo dhaqdhaqaa misaajidka."

*"**Over the past several years**, Kenyan mosques have implemented various ways for people to **guard their shoes during worship**, and one of the steps that has been taken includes boxes **for shoes** and cameras to monitor activity in the mosque."*

Exercise 59 - Translate the following sentence and identify the purpose of the operation that was mentioned:

"Taliyaha guud ee ciidamada dowlad goboleedka Jubaland Gen. Aadan Maxamuud Ibraahim **oo warbaahinta la hadlay** ayaa

sheegay in Jubaland ay diyaarisay hawlgal ballaaran oo Al-Sha-
baab looga xoraynayo gobolka Jubada Dhexe."
*"The Commander of the Jubaland State Army, Gen. Aadann Maxam-
uud Ibraahim, **speaking to the media**, said that Jubaland has pre-
pared a large-scale operation to liberate the Middle Juba region from
al-Shabaab."*

<u>Answer:</u> The purpose of the operation is to liberate
Middle Juba from al-Shabaab.

<u>Exercise 60 - Translate the following sentence:</u>

"Wararka la helayo ayaa waxaa ay sheegayaan in munaasabad
kooban Magaalada Dhuusamareeb dhawaan lagu qaban doon-
o,taas oo uu xilka kula wareegayo Madaxweynaha Cusub ee Gal-
mudug."
*"Received reports say that a small ceremony will be held in the city of
Dhuusamareeb soon, in which the new President of Galmudug will
take office."*

* Kale *

Exercise 61 - In which of the below sentences would you understand "oo kale" to mean (such) as, and in which would it mean "other"? Why do you reach this conclusion?:

"Waxaana la sheegay in wariye Coldoon iyo labo wariye **oo kale** laga qabtay degmada Gaashaamo, waxaana xiray Ciidamada Liyuu Boolis, iyagoona ku wareejiyay Ciidanka Militariga Itoobiya."

*"It was reported that journalist Coldoon and two **other** journalists were arrested in Gaashaamo district by the Liyu Police forces and then handed over to the Ethiopian military."*

"Sidii caadadada inoo ahayd maanta **oo kale** oo jimce ah waxeynu isku daynaa ineynu kuwada nasano is xasuusinta eebe iyo safarkeena aakhiro, arintaas oo inaga caawinaysa wanaajinta nolosheenan aduunka iyo aakhiradeenaba."

*"As is our custom on a day **like** today, which is a Friday, we try to rest together in remembrance of Allah and our journey to the hereafter, as this will help us in improving our lives in this life and in the hereafter."*

"Waxaa socdaalka ku wehliyey tiro intaas **oo kale** ah oo kalkaaliyeyaal ah, waxaana marka la isku daro lagu qiyaasay ilaa soddomeeyo inay gaarayaan."

*"The journey was accompanied by a **similar** number of nurses, and the total is estimated to reach thirty."*

Answer: Instances where "oo kale" can be translated as *"other"* usually contain references to a number of some sort.

Exercise 62 - Complete the original Somali sentence based on the below translation:

"**Waxaa kale oo ardaydu** ay fursad u helayaan inay wax ku bartaan cusbitaalka Jaamacadda Gollis oo dhawaan la furi doono."

"Students will **also** have the opportunity to study at the Gollis

University Hospital which will open soon."

Exercise 63 - Complete the Somali sentence below based on its translation:

"Madaxweynaha Turkiga Racep Tayyib Erdogan ayaa sheegay in dalkiisa uu cunaqabatayn kusoo rogi doono badeecooyinka elektronica ah ee Maraykanka. '**Haddii ay heystaan iPhone, waxaa dhanka kale yaala Samsung**' ayuu yiri Erdigan oo ka hadlaya shirkadda Apple ee Maraykanka iyo tan tartanka uu kala dhaxeeyo ee Kuuriyada Koonfureed."

"*Turkish President Recep Tayyip Erdogan said that his country will embargo US electronic products. 'If they have an iPhone, **on the other side** there is Samsung,' said Erdogan, referring to the American company Apple and its South Korean competitor.*"

Exercise 64 - Translate the following sentence:

"Wasiirku wuxuu mar kale ku celiyay in loo baahan yahay in dhallinyarada Shabaab xubnaha ka ah, hadday ka tanaasulaan fikirkas cafinayo dib laguu abuuri doono nolol anfacda."

"*The minister has repeated again that there is a need for the youth who are members of al-Shabaab, if they give up this ideology, they will be pardoned and a better life will be created for them.*"

Exercise 65 - What do you think the minister means by "haddii kale ha isku tashadaan" in the below sentences? Do independent research for more context on the dispute as necessary:

"Hadalka Wasiirka ayaa dab ku shiday khilaafka waxbarashada ee ka dhexeeya dowladda federalka Soomaaliya iyo Puntland ka dib markii uu fashilmay wadahadallo ay waddeen xubno ka mid ah Aqalka Sare. 'Puntland waa inay ummadda Soomaaliyeed la mid noqotaa oo imtixaanka la galaan oo shahaadada la qaataan, haddii kale ha isku tashadaan.' Ayuu yiri wasiir Goodax Barre."

"*The Minister's remarks have fueled the education disagreement between the Federal Government of Somalia and Puntland following*" *the failure of talks by members of the Upper House. "Puntland should be the same as other Somali people and take the exam to receive the degree, otherwise let them make their own decisions" said Minister Godah Barre."*

<u>Answer:</u> The minister is suggesting that Puntland should either have an independent education system or one that is uniform with the Somali system, as opposed to something in-between.

* Si *

Exercise 66 - Complete the translation of the following sentence:

"Kooxdii ugu horeeysay waxay ahayd Kooxda Balwo oo uu sameeyay Cabdi Sinimo. Si kastaba ha ahaatee sanadihii ka dambeeyay Madaxbanaanidii Soomaaliya waxaa sameeysmay kooxo dhowr ah."

*"The first group was the Balwo group, **formed by Cabdi Sinimo. However, in the years following**, several groups were formed."*

Exercise 67 - Translate the following sentence:

"Sidoo kale Xaaf ayaa ku baaqay in **si Deg deg ah** loo joojiyo dagaalkii ka dhacay deegaanka Qalanqal, kaasi oo u dhexeeyay laba Maleeshiyo beeleed oo halkaas wada-dega."

*"Xaaf has also called for an **immediate** end to the fighting that happened in Qalanqal, which was between two rival clan militias."*

Exercise 68 - Translate the following sentence:

"Eritrea waxaa ay sheegtay in ujeedka CIA ahaa in xukuumadda dalkaasi loo tuuro **si la mid ah** tii lagu riday madaxweynihii Libya Mucamar Al-qadaafi."

*"Eritrea said the CIA's goal was to overthrow the government, **in a similar way** to the overthrow of Libyan President Muammar Gaddafi."*

Exercise 69 - What has Eng. Maxamuud announced? What significance does the phrase "Efficiency and Transparency" have in the below context?:

"Eng. Maxamuud Khaliif Xassan ayaa **si rasmi ah** ugu dhawaaqey in uu u tartamayo doorashada xilka madaxweynaha Puntland ee ka dhici doonta magaalada Garoowe bisha Janaayo siddee-deeda sanadka 2019-ka; isaga oo halku-dhegga ololaha doorashadiisa ku magacaabay 'Karti iyo Hufnaan'."

"Eng. Maxamuud Khaliif Xassan has officially announced his can-

didacy in the Puntland presidential election which will take place in Garowe on January 8, 2019; and he called his campaign motto 'Efficiency and Transparency'."

Answer: Eng. Maxamuud announced his presidential candidacy; "Efficiency and Transparency" is his campaign slogan.

Exercise 70 - Complete the translation of the following sentence:

"Taliska Booliiska Puntland, ayaa si gaar ah loogu amray in uu tallaabo sharciga waafaqsan ka qaado, cid kasta oo lagu qabto dhoofinta Birta, Maarta iyo Macdanta, si loo dhaqan-geliyo amarka madaxweynaha Puntland."

"The Puntland Police Command has been specifically instructed to take legal action against anyone caught exporting iron, copper and minerals, in order to carry out the order of the President of Puntland."

Exercise 71 - Translate the following sentence:

"Madaxweynaha Galmudug ay wehliyaan masuuliyiin kale oo katirsan maamulkaasi ayaa maanta qado sharaf **si heer sare ah** loo soo agaasimay waxaa loogu sameeyay Degmada Balanbale ee gobolka Galgaduud halkaas ay ku tageen safar shaqo."
*"The president of Galmudug, along with other officials from that administration, had a **highly organized** luncheon in Balanbale district of the Galgaduud region where they went on a business trip."*

Exercise 72 - In the context of the below sentence, what is likely to happen next to the men Adanech Abeibe mentions?:

"**Sida laga soo xigtay** xeer ilaaliyaha federaalka ee Itoobiya Adanech Abeibe waxay sheegtay in raggan looga shakiyay dilka fanaanka ay qirteen dambiga ay galeen."
*"**According to** Attorney General of Ethiopia Adanech Abeibe, the men suspected of killing the artist have confessed their crime."*

Answer: Criminal charges and other proceedings related to the crime mentioned.

Exercise 73 - Given how redundant the phrase "sida uu hadalka u dhigay" may seem, what do you think a writer's purpose would be for including it in their article?

Answer: Possible reasons include clarifying the tone of the message as being attributable to the person quoted, especially when that tone may arouse controversy.

Exercise 74 - Translate the following sentence:

"**Sida aan wararka ku helnay** Wasiirka amniga iyo agaasimaha hada la bedelay ee Axmed Cabdi Kooshin ayaa isku fahmi waayay sida ay u socoto shaqada Wasaarada, waxa uuna Wasiirka Amniga go'aansaday in uu shaqada ka fariisiyo agaasimahaasi."

"*According to our sources, the Minister of Security and the director who has now been replaced, Axmed Cabdi Kooshin, had not been able to agree on the way the work of the ministry should go, and the Minister of Security has decided to dismiss the director.*"

Exercise 75 - In the context of the below sentence, why is WhatsApp important and what is it being thanked for?:

"Sida aan ognahay, WhatsApp waa mid ka mid ah kuwa ugu caansan baraha bulshada ee Soomaaliya laga isticmaalo. **Sidaas darteed**, waxaan u mahadcelinaynaa WhatsApp & Infobip doorka muhiimka ah ee ay ka qaateen dadaallada wacyigelinta bulshada ee aan ku xakamaynayno caabuqa Coronavirus."

"*As we know, WhatsApp is one of the most popular social media platforms used in Somalia. **Therefore**, we are grateful to WhatsApp & Infobip for the important role they played in our public awareness efforts to control the Coronavirus infection.*"

Answer: WhatsApp is important as a social media service used by Somalis, and it is being thanked for its role in Coronavirus awareness efforts.

* Inta *

Exercise 76 - Translate the following sentence:

"Qaraxyada gaadiidka hoosta looga soo xiro ayaa mararka qaar ka dhaca magaalada Muqdisho, waxaana **inta badan** qaraxyada nuucaas ah lagu bartilmaameedsadaa wadaha gaariga lagu soo xiro."

*"Explosions [of bombs] attached to a car occasionally occur in Moga-dishu, and **many** such explosions target the driver of the car the bomb is attached to."*

Exercise 77 - Translate the following sentence:

"Waxaa uu **intaasi ku daray** in ay siidaayeen dad ku xirnaa deegaannada ay la wareegeen, kuwaasi oo markii horeba u xir-naa Al-shabaab"

*"He **added** that they have released people who were detained in the areas where they took control, people who had been detained by Al-Shabaab"*

Exercise 78 - What can you guess about the political alignment of the writer of the below sentence? Also, in what sense are "inta" and "intaasi" used?:

"...waxaana inta la xaqiijiyay kamiinadaasi lagu dilay shan as-kari oo ka tirsan maleeshiyaatka dowladda Ridada Federaalka iyadoona dhaawaca intaasi uu ka badan yahay."

"...and it has been confirmed that five soldiers from the federal apos-tate militia were killed in the ambush, and the wounded were many more than that."

Answer: "Inta" in "inta la xaqiijiyay" is the "it" that has been confirmed. "Intaasi" refers to the number of soldiers that were killed, in the part where it is used to draw a compari-son with the number of wounded soldiers. Finally, the writer's choice of "ridada" (alternately "riddow", from the Arabic word for apostasy) to describe the government suggests the writer's opinion is in favor of an anti-government fundamentalist group.

<u>Exercise 79 - Translate the following sentence:</u>

"Dhererka Xeebta Gobolka Sh/Dhexe oo ah **inta u dhaxeysa** degaanka Ceel-Cade oo dhaca Waqooyiga Caasimada Muqdisho ilaa iyo Tuulada Ceel Bacad laguna qiyaaso masaafo ka badan 230km."
*"The length of the coast of the Middle Shabelle region **between** the Ceel-Cade area, north of the capital Mogadishu, to Ceel Bacad village is estimated to be more than 230km."*

<u>Exercise 80 - Find more sentences containing ka hor inta, tan iyo inta and tan iyo intii, and see if you can find patterns in how they are built. Then, fill in the blanks with one each from ka hor inta, tan iyo inta, and tan iyo intii depending on where they fit best:</u>

"Madaxweynaha ayaa safar dhulka ah oo boqolaal kiilo mitir ah galay markii ugu horeysay **tan iyo intii** uu qabtay xilka madax-weynenimada Soomaaliya."
*"The president has traveled hundreds of kilometers by land for the first time **since** taking office as the president of Somalia."*

"Ra'iisal wasaare Cabdirashiid Cali Sharmaarke ayaa **ka hor inta** aan laguda galin codbixinta wareegga 2aad shaaciyay inuu tan-aasulay oo tartanka isaga haray."
*"Prime Minister Abdirashid Ali Sharmarke announced he is dropping out of the race **before** the start of the second round voting."*

"Xisbiga Wadani ayaa sheegay inay gabi ahaanba joojiyeen wadashaqayntii ay la samaynayeen gudiga doorashooyinka **tan iyo inta** laga saxayo cabashooyinka ay gudbiyeen."
*"The Wadani Party said that they have completely stopped cooperating with the electoral commission **until** the grievances they put forward are rectified."*

* Ayaa or Baa *

Exercise 81 - Translate the following sentence:

"Wada-hadallada wasiirada tamarta ee dalalkan **ayaa la filayaa** inay dib u billowdaan maanta."
*"Talks between the energy ministers of these countries **are expected** to resume today."*

Exercise 82 - Complete the translation of the following sentence:

"Muuse Biixi **ayaa tilmaamay in** ay Somalilanad leedahay xaduud uu sameeyay gumeystihii islamarkaasna looga baahan-yahay dowladda Fedaraalka Soomaaliya iyo Puntland in ay ix-tiraamaan Sohdinta Somaliland."
*"**Muuse Biixi pointed out that Somaliland has borders** made by the colonizers, and it is required for the Somali Federal Government and Puntland to respect the Somaliland border."*

Exercise 83 - Translate the following sentence:

"Meerayaasha qaar, sida Dusaa ama Venus **aad ayuu u kulul** yahay maadaama qoraxda aad ugu dhow yahay."
*"Some planets, such as Mercury or Venus, **are very hot** since they are so close to the sun."*

Exercise 84 - Complete the following translation:

"wasiirka Cadaaladda KG Maxamed Deeq Nuur Cabdi **ayaa waf-diga u sheegay** in wax badan ay ka qabteen baahiyihii Garsoor ee ka jirey KGS sidoo kalena ayku guuleysteen joojinta Dhulal sifo sharci daro ah lagu bixinayey."
*"**The Minister of Justice of South West State, Maxamed Deeq Nuur Cabdi, told the delegation** that they have done much to address the needs of the judiciary in the South West State and likewise succeeded in stopping illegal land sales."*

Exercise 85 - Translate the following sentence:

"Puntland **ayaa horay u** sheegay in uu ka qaybgali doono caleema saarka Madaxweyne Axmed Madoobe."
*"Puntland has **already** said it will attend the inauguration of President Ahmed Madobe."*

<u>Exercise 86 - Complete the translation of the following sentence:</u>

"Dumarka xogtaasi doonaya **ayaa u baahan** oo kaliya in ay la yimaadaan aqoonsi rasmi ah iyo macluumaadka qofka ay doonayaan in ay guursadaan ee ay tahay in ay taariikhdiisa dib u baaraan."
*"**Women who want this information only need** to bring their official identification and the information of the person they wish to marry to have his background checked."*

<u>Exercise 87 - Translate the following sentence:</u>

"Ciidamada Amaanka Jubaland ayaa **si wayn u** sugaya xarunta uu baarlamaanku ku shirayo, Xubnaha baarlamaanka ayaana lagu wargeliyay in ay fadhigga soo xadiraan."
*"Jubaland security forces are **heavily** guarding the parliament building, and members of parliament have been informed to attend."*

* Waxaa *

<u>Exercise 89 - Translate the following sentence:</u>

"Mas'uuliyiinta **waxay sheegeen in** sababta loo furayo masaajidda iyo kaniisadaha ay yihiin in xaaladda ay haatan soo hagaagtay balse dadka ku cibaadeysanayo halkaas waa inay kala fogaadaan, oo ay xirtan afka iyo sanka iyo in nadaafadda ay ku dadalaan."

*"The authorities **said that** the reason for opening mosques and churches is that currently, the situation has improved, but worshipers there should keep distance, cover their mouths and noses, and observe good hygiene."*

<u>Exercise 90 - Complete the following translation:</u>

"Wixii hadda ka dambeeya Jubbaland waxa ay u jiheysanaysaa xoreynta deegaanada ka maqan ee ku jira gacanta Alshabaab, dadka deegaanada maqan Jubbaland ku eedeynayana **waxaa la gudboon** in ay dalka yimaadaan, xoreyntana ka qeybqaataan si toos ah iyo si dadbanba."

*"From now on, Jubbaland will move towards the liberation of its areas under the control of al-Shabaab, and those who live in these areas and who are accusing Jubbaland, **they should come to the country and directly or indirectly participate in the liberation."***

<u>Exercise 91 - Compare the above two sentences with the previous examples on "ayaa la filayaa". What differences can you observe about how the different sentences are built?</u>

<u>Answer:</u> Sentences involving "ayaa la filayaa" indicate focus on the preceding information, whereas "waxaa la filayaa" shows focus on the following information. Observe:

"Dhammaadka bishan **ayaa la filayaa** in saddex cirbixiyeen oo kale loo duuliyo xarunta hawada sare si ay ugu biiraan cirbixiyeenada ku sugan haatan."

*"At the end of this month, **it is expected** for three other astronauts to*

be flown to the space station in order to join the astronauts currently there."

In this sentence, the information being focused on is the time of the astronauts' trip. It will occur at the end of this month, as opposed to the end of this week or beginning of next year. A question answered by this sentence might be something like, *"when will the astronauts go to the space station?"*

"...Midka ugu dambeeya **waxaa la filayaa** in $150,000 oo dollar lagu iibiyo."
*"...The final piece **is expected** to sell for $150,000."*

In this sentence, the information being focused on is the expected price of the final piece of art, which will be $150,000 and not $10,000 or $1 million. A question answered by this sentence might be, "how much is the final piece expected to sell for?"

Exercise 92 - What is the function of the following message before an article?:

"Akhriste, **waxaa laga yaabaa** in aad dhibsato qeybo ka mid ah qoraalka."
*"Reader, you **may** find parts of the text disturbing."*

Answer: This is a content disclaimer before a potentially upsetting story or news article.

Exercise 93 - Answer the following question in Somali, using "ayaa" in your sentence:

"Who won the English Premier League football championship in 2016?"

Answer: "Kooxda Leicester City ayaa ku guulaysatay horyaalnimada Ingiriiska."

Exercise 94 - Answer the following question in Somali, using "wuxuu" in your sentence:

"What countries have a border with Somalia?"

Answer: "Soomaaliya wuxuu xuduud la leeyahay wadamada Jabuuti, Itoobiya iyo Kiinya."

Exercise 95 - Write questions in English that would be answered by the following Somali sentences, taking note of the focus of each setnence:

"Diyaarad nooca xamuulka qaada ah **ayaa** maanta ku burburtay garoonka diyaaradaha ee Adan Cade ee magaalada Muqdisho."
"A cargo plane crashed today at Adan Cade airport in Mogadishu."

Answer: "What kind of plane crashed today at Adan Cade airport?"

"Madaxweynihii hore, Xasan Sheekh Maxamuud markii uu maamulka Villa Somalia la wareegay, **wuxuu** Ra'iisul Wasaare u magacaabay Cabdi Faarax Shirdoon (Saacid)."
"The previous president, Xasan Sheekh Maxamuud, when he took over Villa Somalia, named Cabdi Faarax Shirdoon (Saacid) as prime minister."

Answer: "Who did Xasan Sheekh Maxamuud name as prime minister when he took over Villa Somalia?"

* Waa *

<u>Exercise 96 - In which of the following sentences does the "waa in X" pattern not work like the others? Why?:</u>

"Isbedalka Siyaasadeed, **waa inuu** ku yimaadaa hab aan ahayn Mooshin."
*"Political change **must** come in a way that is not a motion."*

"Doorka saxaafadda ay ka ciyaarto bulshooyinka xorta ah dhexdooda **waa inay** xaqiijiso runta, u dooddo dulmanaha, islamarkaasna ay soo bandhigto ajeendada qarsoon iyo ballanqaadyada beenta ah oo ay siyaasiyiinta ku habayaan shacabka."
*"The role of the media in free societies **is to** establish the truth, advocate for the oppressed, and at the same time expose the hidden agendas and false promises by which politicians mislead the public."*

"'Itoobiya **waa in ay** baaritaan ku sameyso in haddii maamulka halkaas ay xushmeeyeen xuquuqda Fu'aad ee dalabka megengelyada', ayey tiri hay'adda."
*"'Ethiopia **should** investigate whether the authorities there respected Fuad's right to asylum', said the organization."*

<u>Answer:</u> In the second sentence, "waa inay" introduces a series of noun phrases *"to establish, to advocate, to expose"*. In the first and third sentences, "waa in X" has the usual *"must/should"* meaning. The difference can usually be noticed by comparing the parts before and after "waa in X" and trying to form a sentence from them.

<u>Exercise 97 - Translate the following sentences:</u>

"**Waa maxay** Ujeedada laga leeyahay ee loobadalayo Diblumaasiyiinta Soomaaliyeed ?"
"What is the purpose of replacing Somali diplomats?"

"Haddaba **waa maxay** saameynta caafimaad ee ka dhasha cabida sigaark?"
"So, what are the effects of smoking on health?"

<u>Exercise 98 - Translate the following sentence:</u>

"Dhaqaalaha Mareykanka **waa kan** ugu balaaran dunida, ayadoo lagu qiyaasay sanadii 2008 aduun dhan 14.4 tiriliyan oo Dollarka Mareykanka wax soo saarka wadanka ee dabada loo iib geeyo."
"The US economy is the largest in the world, with an estimate of $14.4 trillion in domestic exports in 2008."

<u>Exercise 99 - Translate the following sentence:</u>

"Shiinaha ayaa keenay hannaan cusub oo ahaa "hal dal iyo labo hanaan", kaas oo Taiwan u saamaxaya in ay noqoto maamul goboleed, **waa haddii** ay aqbasho midowga Shiinaha."
"China has introduced a new system which is 'one country, two systems', which will allow Taiwan to become a regional administration, **that is if** *it accepts union with China."*

<u>Exercise 100 - Fill in the blanks of the following Somali sentences with the correct focus or declarative particle, based on the focus indicated in the translation:</u>

"Manchester City **ayaa** Real Madrid 2-1 ku dubatay tartanka horyaalka yurub"
*"<u>**Manchester City**</u> beat Real Madrid 2-1 in the Champions League."*

"Messi **waa** ciyaartoygii shan jeer ku guulaystay laacibka sanadka ugu wanaagsan."
"Messi is the five-time Player of the Year winner."

"Cristiano Ronaldo **wuu** ciyaari karaa ilaa iyo da'ada 40 jirka."
"Cristiano Ronaldo could play until he is 40 years old."

"Number 21 _____ u xiran doonaa kooxdiisa cusub."
*"He will wear <u>**number 21**</u> on his new team."*

Bonus Exercise 1: Observe the difference between the "waa" and "wuu" sentences above. Which is a simple declarative sentence (i.e. *"X is Y"*) and which involves a verb?

Look at other sentences involving "waa" and "wuu" (or "waan", "way", "waad", etc.) and make a note of how verbs are used (if at all) in them.

Bonus Exercise 2: Observe the difference between the "ayaa" and "ayuu" sentences above. Which has the focus particle immediately following the subject of the sentence? Which has the focus particle after the direct object or another part of the sentence? Look at other sentences involving "ayaa" and "ayuu" (or "ayaan", "ayay", "ayaad", etc.) and make a note of where they are placed in relation to the subject and object of a sentence.

* Lagu and Kula *

<u>Exercise 101 - Translate the following sentences. Is "lagu" used the same way in both?</u>:

"Magaalada Lusaka Ee Caasimada Dalka Zambia ayaa Safiirka cusub **lagu** soo dhaweeyey kadib markii ay halkaasi Sacado ka hor gaartay."

*"In Lusaka, the capital of Zambia, the new ambassador **was** welcomed after she arrived a few hours ago."*

"Wararka inaga soo gaaraya Deegaano katirsan Puntland ayaa waxay sheegayaan in maanta la is hortaagay Banaanbax la doonayey in Dawlada **lagu** taageero."

*"Reports from areas in Puntland say that a demonstration in support of the government **was** blocked today."*

<u>Answer:</u> Yes, both instances of "lagu" are formed from la_1 + ku_2 (i.e. passive/"*was*" + "*in*").

<u>Exercise 102 - Translate the following sentences. Is "kula" used the same way in both?</u>:

"Warar aan helnay ayaa xaqiijinaya in Madaxweyne Farmaajo uu wadahadallo albaabada u xiran uu **kula** jiro gudoonka labada aqalka ee xeer-dejinta waddanka."

*"Reports we have received confirm that President Farmajo is holding closed-door talks **with** the speakers of both of the country's legislative houses."*

"Haddii qof **kula** nool ay maxkamad ku amartay in uu bixiyo masruufka carruurta, amarka maxkamadda miyuu isbeddelay?"

*"If someone living **with you** was ordered by a court to pay child support, has the court order changed?"*

<u>Answer:</u> No, the first instance of "kula" is ku_2 + la_2 ("*in*" + "*with*"), but the second is ku_1 + la_2 ("*you*" + "*with*").

<u>Exercise 103 - Complete the following translations:</u>

"Shirkan ayaa waxaa soo qaban qaabisay Hay'ad Caalami ah oo **lagu** mmagacaabo Towfiiq,waxaa sidoo kale shirka ka qeybgelaya Culimada Islaamka ee dalka Uganda, ganacsato,dhaqaaleyahano iyo qaybaha kale duwan ee Bulshada."
*"**The conference is organized by an international organization called Towfiiq**, and Islamic scholars from Uganda, businessmen, economists and other segments of society will also participate in the meeting."*

"Waxaan xarunta safaaradda Maraykanka ee Muqdisho kula kulannay Danjire Donald Yamamoto oo aan ka wada hadalnay xaaladda guud ee dalka iyo aragtida madasha xisbiyada qaran ee geediga 2020/2021."
*"**In the US Embassy in Mogadishu, we met with** Ambassador Donald Yamamoto, and we discussed the overall situation in the country and his view of the Forum for National Parties in the 2020/2021 term."*

* Ugu and Kuu *

<u>Exercise 104 - Translate the following sentences. Is "ugu" used the same way in both?:</u>

"Waxaa la soo daayay Bartamihii bishii May ee sannadkan oo dib ay **ugu** noqotay dalkeeda Taliyaaniga."
*"She was released in mid-May this year and returned back **to** Italy."*

"Maxkamadda Turkiga **ugu sareysa** ee dhanka maamulka ayaa ka baaraandegaysa in madxafkaasi ku yaalla Istanbul, horayna u ahaa kaniisadda loo bedalo masjid."
*"Turkey's **highest** administrative court is considering converting the Istanbul museum that was formerly a church into a mosque."*

<u>Answer:</u> No; the second "ugu" is used for a superlative.

<u>Exercise 105 - Translate the following sentence:</u>

"Haddii xanuunnada noocan ah aad qabtay muddo aad u dheer, la xiriir dhakhtarkaaga, si uu **kuu** siiyo talooyinka ugu haboon ee ku saabsan habka loola tacaali karo."
"If you have had these types of illnesses for a long time, contact your doctor, so they can give you the best advice on how to deal with them."

<u>Exercise 106 - Complete the original Somali sentences based on their translations:</u>

"Inaad waqti badan aad ku jirtid **baraha bulshada ayaa waxay kuu keeni kartaa** masayr iyo inaad ku faraxsanaan waydo noloshaada, ayay sheegtay daraasaad cusub."
*"Spending too much time on social media could **lead you to** jealously and unhappiness in your life, according to new studies."*

"'**Howlgalkan ayaa ahaa kii ugu weynaa** oo nooociisa ah tan iyo markii uu bilowday dagaalka u dhaxeeya Xutiyiinta iyo xulafada uu Sacuudiga hogaamiyo', ayuu yiri afhayeenka."
*"This operation is **the biggest** of its kind since the war began between the Houthis and the Saudi-led coalition,' said the spokesman."*

* Loo and Ula *

<u>Exercise 107 - Translate the following sentence:</u>

"Arrimaha qaarkood waxa **loo bandhigi jiray** muwaaddiniin reer Somaliland ah iyo ganacsato."
*"Some of the issues **used to be presented to** Somaliland citizens and businessmen."*

<u>Exercise 108 - Translate the following sentence:</u>

"Tan iyo intii ay Jamhuuriyada Somaliland Madax-bannaani-deeda **dib ula soo noqotay** waxay buuxisay dhamaan shuruudi-hii Dawlad-nimo, waxay leedahay Calan, Lacag, Xudduudo iyo Ciidan Qaran."
*"Since the Republic of Somaliland **regained** its independence, it has fulfilled all the criteria for statehood, it has a flag, a currency, borders and a national army."*

<u>Exercise 109 - Complete the original Somali sentence based on its translation:</u>

"**Xisbiyo badan oo si kumeelgaar ah loo diiwaangeliyay** ayaa doonaya inay u tartamayaan doorashadaasi."
"Many parties who were temporarily registered want to compete in the election."

<u>Exercise 110 - Complete the original Somali sentence based on its translation:</u>

"**Nicholas Kay ayaa sheegay in Qaramada Midoobay ay si dhow ula shaqeyn doonto** xukuumadda Madaxweyne Gaas, islamar-kaana ay sii joogteyn doonto taageerada ay siiso dadka iyo dow-ladda Puntland."
"Nicholas Kay said that the UN will work closely with the govern-ment of President Gaas, and that it will continue its support to the people and government of Puntland."

* Laga and Kala *

Exercise 111 - Translate the following sentence:

"Sucaad Xasan oo sharxaysa qaabka uu arooska u dhacay ayaa sheegtay in arooskoodu uu u dhacay si caadi ah **marka laga reebo** in aysan dad badan ka soo qeyb galin."

*"Sucaad Xasan, explaining the way the wedding took place, said that their wedding was normal **except** that many people did not attend."*

Exercise 112 - Translate the following sentence:

"Marxuumka dhintay ayaa marka **laga soo tago** in uu ahaa gud-doomiye ku-xigeenkii degmada Matabaan, dhinaca kale waxaa uu ka mid ahaa dhalinyarrada firfiroon ee ka shaqeeya nabadda iyo ka hortaga colaadaha."

*"**In addition to** being the deputy district commissioner of Mataban district, the deceased was one of the most active youths working for peace and violence prevention."*

Exercise 113 - Translate the following sentence:

"Madaxweyne Deni ayaa sidoo kale booqan doona garoonka ku-badda cagta, waxaana lagu wadaa in uu sidoo kale kulamo la qaato qaybaha **kala duwan** ee bulshada."

*"President Deni will also visit the football stadium and is set to hold meetings with **various** sections of the community."*

Exercise 114 - Translate the following sentence:

"Waxay diyaaraddu tegeysaa 16 magaalo **oo ku kala** yaalla Germany, Switzerland, Austria, Netherlands iyo Denmark, sida ay sheegtay THY."

*"The plane will fly to 16 cities **in** Germany, Switzerland, Austria, the Netherlands and Denmark, as THY said."*

* Uga, Kaga and Wada *

Exercise 115 - Translate the following sentence:

"Qorshaha waxaa iigu jirtay inaan galabnimada maalintaas u daawasho tago ciyaar xiiso badnayd oo dhex mareysay kooxaha Man United iyo Liverpool, ee **ka wada tirsan** Horyaalka waddanka Ingiriiska."

*"My plan was to go and watch a very interesting game **between** Manchester United and Liverpool in the English Premier League that afternoon."*

Exercise 116 - Translate the following sentence:

"Gen. Asad Cismaan C/laahi oo Bosaaso **kaga dhawaaqay** in uu yahay musharax Madaxweyne ee Puntland 2019"

"Gen. Asad Cismaan Cabdullaahi announced his candidacy for the presidency of Puntland in 2019."

Exercise 117 - Translate the following sentence:

"Madaxweyne Moon Jae-in ayaa Isniintii **si toos ah uga codsaday** Waqooyiga inuu dib ugu soo laabto wadahadalka oo uusan xaaladda uga darin."

*"President Moon Jae-in on Monday **appealed directly** to the North to return to the talks and not to worsen the situation."*

Exercise 118 - Translate the following sentence:

"Jaamacaddu waxay haysataa Aqoonsi gudaha iyo dibadaba leh, iyadoo shahaadada Jamacadda aad **kaga shaqo geli** kartid waddan kasta oo dunida ku yaala, sidoo kalena aad **aqoontaada kaga sii korodhsan** kartid Jaamacadkasta."

*"The university has internal and external accreditation, and with this university degree you can **apply for work in** any country in the world, as well as **further your education** at any university."*

* Three-part Clusters *

<u>Exercise 119 - Translate the following sentence:</u>

"Kenya ayaa sidoo kale baaritaano ku wada dad boqolaal gaaraya oo **looga shakisan yahay** xanuunka, waxaana suurta-gal ah in tiradu kororto."

*"Kenya is also testing hundreds of people **suspected** to have the disease, and the number is likely to increase."*

<u>Exercise 120 - Translate the following sentence::</u>

"Gaariga uu ninkani ku dhuftay ganjeelka ayaa markii dambe **waxaa loogu yeeray** ciidamada u tababaran furfuridda walxaha qarxa si ay walxaha qarxa uga raadiyaan."

*"The car which this man rammed into the gate later had the Explosive Ordnance Disposal Unit **called** to it in order to search it for explosives."*

<u>Exercise 121 - Review one or more Somali news articles and make a note of all the three-part clusters you see. What is the most common beginning pronoun in them? Why do you think this is?</u>

<u>Answer:</u> Many will begin with "la", as a result of the passive voice being more common than third person in news articles and much more common than first or second person.

GLOSSARY

* Military and Security *

Word	Definition
2 xidigle	Lieutenant (lit. "two stars", but not a general)
Afgambi	A coup to overthrow a leader
Argagixiso	Terrorism
Amar (pl. awaamir)	An order or command
Basaasnimo	Espionage
Ciidamada huwanta	Allied forces
Ciidamada u tababaran fur-furidda walxaha qarxa	Explosive Ordnance Disposal or bomb squad
Ciidanka sida gaarka ah u tababaran	Special Forces
Daacish	ISIS (derived from their Arabic acronym)
Dagaalka sokeeye	Civil war
Duul	To raid or attack; to fly
Fallaago	Rebels
Gaashaanbuur	Alliance
Gantaal	Missile
Kamiin	Ambush
Koontarool	Checkpoint

Sareeye guuto	Brigadier General
Sarkaal dharcad ah	Plainclothes officer
Taliska	Command, authority
Xayiraad	Embargo; lockdown
Xoree	To liberate

* Politics and Economics *

Ansixi	To approve; to ratify
Caleema saar	A coronation, an inauguration of an official
Canshuur	Tax
Cunaqabatee	Blockade, sanction
Dacwad-ogayaal	Prosecutors
Dakhli	Income, revenue
Dhoofin	Export (cf. soo dejin, import)
Dicaayad	Propaganda
Ganacsade	Merchant, entrepreneur
Gumeysi	Colonialism
Halkudheg	Slogan
Maalgalin	Investment
Megengelyo	Asylum, sanctuary, refuge
Miisaaniyad	Budget
Musuqmaasuq	Corruption
Qalalaase	Crisis
Rugta ganacsiga	Chamber of commerce
Sanduug	Fund; box
Shuruud	Conditions, stipulations

Sohdin	Border, frontier
Tanaasulaad	Compromises, concessions
Wadatashi	Joint consultation
Xisbiga / axsaabta	Party/parties
Xulufo	Allies

* Culture and Society *

Aakhiro	The afterlife, the hereafter
Bahalnimada	Barbarism
Barakeysan	Blessed
Beel	Community; clan
Bini'aadanimada	Humanity
Bisha cas	Red Crescent Society (non-gov't org)
Daafaci	Defender (sports position)
Dibadbaxyo	Demonstration, protest
Far	Script, handwriting (literally "finger")
Farshaxan	Arts and crafts; skill
Ganaax	Fine, penalty
Goolhaye	Goalkeeper
Halyeey	Hero, legend
Horyaal	Championship, trophy
Jaaliyad	Community (referring to Somali diaspora)
Khiyaali	Imaginary, fantasy
Khudbad	Sermon, speech
Marxuum	Deceased, passed away
Masayr	Jealousy

Mudaharaad	Demonstrations, protests (from the Arabic)
Qalinjabin	Graduation
Qurbajoog	Diaspora
Xadiis	Hadith; quotes of the Prophet Muhammad
Xayeysii	To advertise

* Geography, Science and Health *

Barta bulshada	Social page, social media
Caratuur	Dam, levee
Caws	Grass, straw
Cilmibaadhis	Research
Cirbixiyeen	Astronaut
Dayuurad aan duuliye laheyn	Drone (lit. "pilotless plane")
Duleed	Outskirts (of a city or town)
Fatahaad	Flood
Godka madow	Black hole
Isbadalka cimilada	Climate change
Isgaarsiin	Communications
Jid cadde / wadada laamiga	Dirt road / paved road
Kaadi-macaanka	Diabetes
Kalkaaliye	Nurse
Karantiil	Quarantine
Kheyraad	Resources
La tacaal	To treat medically; to deal with something
Meere	Planet
Talaal	Vaccine

Wicitaanno muqaal	Video calls
Xaafad	Neighborhood, quarter
Xeeb	Beach, coast
Xuduud	Border

*FOOTNOTES *

---

[1] Alternately spelled qeyb gal, with or without the space

[2] Dowladda Federaalka

[3] Ka badan takes the negated verb form here.

[4] Somalis begin the week on Saturday, regarding the Friday day of prayer as last in the week

[5] Alternate spellings include kadib (without the space) and kaddib (with an extra 'd').

[6] Ururka Caddaalada iyo Daryeelka - For Justice and Development

[7] In Somali, the idea of "before someone did X" is often expressed with a negative verb

[8] Aside from pressing the wrong key, common typos in Somali include separating words and phrases like "lagu soo" at the wrong letter

[9] Mudane; "honorable" or "his excellency" in some contexts

[10] The writer may have meant to use "ku kooban"; "is limited to" here, instead of "ka kooban"; "consists of"

[11] Also frequently seen as "inkastoo"

[12] This pattern, while not universal, holds for other numbers (toban, boqol, kun, etc.) and nouns (caruur, doolar, kiis, etc.)

[13] Also occasionally "to live on" as a pension, salary, etc

[14] A common synonym for ku saabsan is ku aadan; see exercise 19.

[15] Puntland Security Forces

[16] Other meanings of jir include "used to" as a verb (e.g. "I used to eat more meat") and "year" or "body" as a noun

[17] Read as "dambi"

[18] Read as "DANAB ayaa beeniyey"; DANAB being a Somali commando unit

[19] National Intelligence and Security Service

[20] Dul qaadi; meaning "remove", and not related to the word for "patience" here

[21] In English, when we say "until now", there is a suggestion that something has changed. This suggestion is not present in Somali, where "until now" or "until today" means something more like "up to and including now" or "even today"

[22] Sandareer - n. "scraps, loose change"; literally "running nose"

[23] Sanction in the sense of stifling economically, as opposed to permitting legally

[24] Assassiga; "basic"

[25] Talada haya, "to be in power"

[26] This is meant to be wadahadal

[27] Daboolka ka saar - "revealed"

[28] These are the original English remarks of Rep. Omar, having been translated into Somali for the quote from this example

[29] Order of the British Empire officer; a public service award

[30] As in, "the way to cook rice" and not "the way to Mogadishu"

[31] Also "hase ahaatee"; "ahaatee" on its own comes from "ah" but rarely appears outside of this phrase which also means "however", just without the added emphasis of "si kastaba"

[32] The phrase "qeyb galkeeda aan loo kala harin" more literally means "no one stayed back from participating in it"

[33] KG and KGS refer to Koonfur Galbeed, the South West state of Somalia

[34] Quote by 19th century English essayist William Hazlitt

[35] As with other clusters, note that the place referred to by "ku_2" or the party to the meeting referred to by "la_2" may not be apparent from the context of a sentence; inference or further reading may be needed

[36] Arabic for "good luck, success, reconciliation", from the root verb wafaqa, "to agree"

[37] Like many other phrases in Somali, the meaning of "deliberate" does not follow directly from the sum of the parts of "si ula kac ah". Fortunately, such phrases are often detailed in resources such as the Somali-English dictionary by R. David Zorc and Madina Osman

[38] Turkish abbreviation for "Turkish Airlines"

[39] Not to be confused with ku1 + ku2, which results in "kugu" [i.e. "you... in"], or ku_1 + ka_1, which results in "kaa" [i.e. "from... you"]